TRWY
LYGAD
Y
BUGAIL

TRWY LYGAD Y BUGAIL

Damhegion o fyd y fferm

Mari Jones

GWASG EFENGYLAIDD CYMRU

© Gwasg Efengylaidd Cymru 1970, 1973
Argraffiad cyntaf 1970
Ail argraffiad (gydag ysgrifau ychwanegol) 1973
Adargraffwyd 1976
Trydydd argraffiad 1989
ISBN 1 85049 062 7
(Ail argraffiad — ISBN 0 900898 17 8)

Llun y clawr: Y Tŷ Newydd, Brynuchaf.

Dyluniwyd gan Tony Cantale Graphics.
Darluniau gan R. Brian Higham.
Ffotograffau gan W. Arvon Williams.

Mae cyfieithiad Saesneg Bethan Lloyd-Jones o'r gyfrol hon, *In the Shadow of Aran*, ar gael oddi wrth yr un cyhoeddwyr.

Cyhoeddwyd gan Wasg Efengylaidd Cymru, Bryntirion, Pen-y-bont ar Ogwr, Morgannwg Ganol, CF31 4DX.
Argraffwyd gan D. Brown a'i Feibion, Cyf.
Pen-y-bont ar Ogwr.

CYNNWYS

Ffotograffau

RHAGAIR

Mae awdures y llyfryn bychan yma yn adnabyddus i laweroedd o bobl Dduw yng Nghymru, ac yn wir i lawer o'r cyfryw rai yn Lloegr hefyd.

Meddyliwn amdani yn bennaf fel Cristion sydd yn caru ei Gwaredwr yn fawr, ac sydd yn ceisio dangos hynny trwy garedigrwydd diddiwedd i'w ddeiliaid Ef. Pwy na ŵyr am yr aelwyd groesawgar ym Mhantyneuadd ger y Bala, ac yn awr dyma Mari ers blynyddoedd gyda'i chymar hawddgar, John, yn cynnal yr un traddodiad ym Mrynuchaf, Llanymawddwy. Mae degau, os nad cannoedd, ohonom wedi cael atgyfnerthiad corfforol ac ysbrydol yn eu cwmni yn un o'r llecynnau harddaf yng Nghymru. Ie, ysbrydol hefyd, oherwydd ni fydd neb yn hir yng nghwmni'r awdures hon heb glywed rhyw sylw trawiadol am brofiadau ysbrydol.

Perthyn Mari i'r un llinach ysbrydol ag Ann Griffiths. Yn hollol naturiol fe wêl ddarluniau a gwersi ysbrydol ym mron popeth o'i hamgylch, ac yn enwedig wrth gwrs mewn bugail a defaid a chŵn. 'Synnwn i fawr nad yw'r cipolwg cyntaf yn dod weithiau trwy lygaid 'y bugail' ei hun!

Nawr dyma rai o'r pethau yma, y mae rhai ohonom wedi cael y fraint o'u clywed ar hyd y blynyddoedd, mewn print, a chyfle i bawb gael eu darllen. Llawenychaf am hynny, a gweddïaf y bydd i Dduw eu bendithio yn helaeth. Yn wir, yr wyf yn sicr y byddant o fendith i bawb a'u darlleno — yn goleuo'r meddwl, yn deffro'r dychymyg ac yn symud y galon.

Diolch i'r awdures addfwyn, a diolch i Dduw sydd yn donio'i blant gyda'r fath amrywiol ddoniau ysbrydol.

Llundain,   D.M. LLOYD-JONES
Mai 1970

1
TIM

Temtasiwn i ambell ffarmwr defaid pan glyw fod ci ifanc addawol ar werth yw mynd i'w olwg, pa un bynnag a fyddo arno'i eisiau ai peidio. Dyna hanes John un gwanwyn. Canmolai ei berchennog yr hil y deuai Tim y ci ohono, a mynnu fod addewid ddihysbydd ynddo yntau. Dywedai hynny ag un llygad ar y gwirionedd a'r llall ar y pris y bwriadai ei ofyn amdano. Ond yr oedd gwir yn y peth. Dod â Tim adref fu'r hanes.

Y gwanwyn oedd hi, ond 'doedd wiw mynd â Tim i'r caeau i weld pa mor addawol ydoedd. I greadur mor ddidoriad a bywiog roedd coesau'r ŵyn yn llawer rhy fyr. Rhoi Tim yn rhwym y tu allan i'r tŷ fu raid. Er mwyn iddo fwynhau'r olygfa? 'Choelia i fawr. Na, yr oedd Tim yn hollol ddall i bopeth ond i un o'r cathod, neu i gi diarth a ddigwyddai weithiau ddod heibio i'r gornel ar sgawt. Bryd hynny anghofiai Tim ei gaethiwed. Ond deallai'n fuan iawn mai hyd ei gortyn oedd hyd ei ryddid.

Cyfnod oedd hwn i ddysgu un wers bwysig iawn a fyddai'n sylfaen pob disgyblu yn y dyfodol, sef i John roi ar ddeall iddo ei fod yn ei garu. Rhoddai ei law ar ei ben wrth fynd heibio, siaradai ag ef a dweud ei enw. O! fel yr ymatebai i gariad. Prin yr oedd ei draed ar lawr pan ddeuai heibio. Y peth gwaethaf ynghylch Tim oedd na wyddai y gwahaniaeth rhwng dillad pob dydd a rhai mwy parchus!

Buan y gwnaeth ychydig wythnosau wahaniaeth i hyd coesau'r ŵyn, a dyma fynd â Tim am dro. Cred rhai mewn rhoi ci ifanc yn rhwym wrth hen gi profiadol, iddynt gydredeg. Y mae llawer i'w ddweud o blaid y ffordd honno. Ond penderfynu wnaeth John ei ddysgu ar ei ben ei hun, un wers ar y tro. Yn gyntaf i gyd ei ddysgu i ddod ato, a'i ddysgu sut i adnabod y gorchymyn i ddod ato o bob man. Anodd iawn yw gwneud dim o gi, oni ddysgodd y wers bwysig hon o ddod at ei feistr. Cymysg o gerydd a chanmol fu hi nes daeth i ddeall y chwiban arbennig honno.

Yna ei ddysgu i aros — gwers anodd eto i gi mor nwyfus. Y mae'n gymaint mwy pleserus *gwneud* rhywbeth nag aros — aros am y gorchymyn nesaf, ac yntau'n meddwl y gwyddai beth a ddisgwylid. Mor bwysig yw iddo ddysgu ufuddhau i'r gorchymyn i *aros* pan fydd dafad wan yn methu canlyn gweddill y defaid — iddo'i chymryd hi'n araf, a mynd â gweddill y defaid yn ôl cyflymdra'r wannaf. Dyna obaith y ddafad wan, sef ei chadw gyda'r defaid eraill. Gwna ymdrech fawr i'w canlyn, a gwna eu cwmni ei hysbrydoli 'mlaen. At hynny, mae dysgu ci i arafu, ac aros, yn beth cwbl hanfodol mewn man 'sgithrog a chreigiog. Gall ci anufudd mewn man felly achosi colled a loes i'r defaid.

Yna daw rhagor o wersi. Cael Tim i fynd o gylch y defaid a'u casglu at ei feistr. Ei gael wedyn i adnabod y chwiban a olyga fynd ar gylch ar y dde am y defaid, ac ar ôl dysgu honno adnabod y chwiban a olyga fynd ar gylch ar y chwith, a dychwel i sefyll wrth sawdl John bob tro. Yna ei ddysgu i adnabod y gorchymyn i aros yn ei unfan wrth fynd o gylch, a dod at y defaid yn syth o'r fan honno, a'u gyrru i'r cyfeiriad a ddymuna'i feistr.

Wrth gwrs siomedig yn aml yw gweld y ci wedi dysgu mor dda i bob golwg ar un diwrnod ac wedi anghofio cymaint erbyn trannoeth. Rhaid wrth amynedd, a pheidio â disgwyl gormod yn rhy fuan. Rhaid hefyd gadw at amser byr o ddisgyblu ar y tro, rhag i gi ifanc flino gormod — peidio mewn pryd cyn ei ddiflasu. Ond ar y llaw arall, rhaid oedd mynnu dal ati nes i Tim ddysgu'n iawn yr hyn a ddisgwylid ganddo, a sylweddoli bod y safon byth yn newid. Unwaith iddo ddysgu hyn daeth yn reddfol i wybod drosto'i hun pryd y bu iddo fethu.

Fel hyn, bob yn dipyn, daeth rhyw ym-ddiriedaeth a chyd-ddealltwriaeth rhwng John a Tim. Hoffwn feddwl nad 'rhag ofn y gosb' y daeth Tim i weithio cystal. Ymddengys fel pe bai'n caru gwneud dymuniadau ei feistr. Pan edrycha ym myw ei lygaid hawdd gweld fod ganddo ofn ei siomi, ofn ei ddigio, ofn achosi torri'r berthynas rhyngddynt. Ymhyfryda mewn ufuddhau i'w ddymuniadau. Aeth ewyllys John yn ewyllys iddo fo. Ni waeth pa mor dda fyddo hil ci defaid oni ddysgodd ufuddhau.

Y mae'r Ysgrythur yn edliw'r creaduriaid direswm i bobl Dduw, yr ych a'r asyn, y ciconia yn yr awyr, y durtur a'r garan a'r wennol. 'Choelia i byth fod Tim yn ei berthynas â John yn edliw ambell ysgrythur i minnau.

'Da gennyf wneuthur dy ewyllys, O fy Nuw: a'th gyfraith sydd o fewn fy nghalon.'
Salm 40:8

'Yn dy ddeddfau yr ymddigrifaf.'
Salm 119:16

'Os cedwch fy ngorchmynion, chwi a arhoswch yn fy nghariad.'
Ioan 15:10

'Yr ydym ni yn ei garu ef, am iddo ef yn gyntaf ein caru ni.'
1 Ioan 4:19

2
Y FREF A GLYW'R BUGAIL

'Dacw damaid glas gwerth ei gael eto fan acw,'
gellwch ddychmygu dafad yn sgwrsio â hi ei hun ar
fynydd creigiog. A dyna roi'r hwb a'r naid
angenrheidiol i'w gyrraedd. Pan ddaw yn fater o
ddod yn ôl, nid yw mor hawdd. Dipyn haws oedd
dod i lawr y graig na neidio'n ôl. Caiff ei hun ar
rimyn o graig, heb le i symud yn ôl nac ymlaen, y
graig o'i hôl a'r dibyn o'i blaen. Dyma lle mae'n
rhaid iddi aros er pob ymdrech i'w gwaredu'i hun.
Tybed a wêl rhywun hi? Yno y gall fod am ddydd-
iau cyn y gwêl ei pherchennog hi a'i gwaredu.

Pan wêl y bugail hi gyntaf, ni wna unrhyw
ymdrech i'w chyrraedd, dim ond taflu trem eidd-

gar i'w chyfeiriad. Â heibio'r fan drannoeth efallai, eto heb wneud dim i geisio mynd ati — y ddafad druan yn cael ei gadael yno i lwgu.

Dychwel y ffarmwr eto ymhen ychydig ddyddiau, a'i ddafad erbyn hyn wedi gwanhau gymaint nes torri ei chalon, ac yn ei hanobaith yn dechrau brefu a galw allan yn druenus.

Disgwyl ei chlywed yn brefu fu'r bugail hyd yma. Gŵyr yn awr mai dyma ei gyfle i'w chyrchu. Pe buasai wedi mynd yno i'w cheisio cyn iddi frefu fe fuasai ganddi ddigon o nerth i wneud rhywbeth drosti ei hun, ac yn ei braw o'i weld yn dod ati, buasai'n neidio i'w marwolaeth i'r dyfnder islaw. Ond y mae'n brefu bellach. Gŵyr y bugail mai dyna ei gyfle, ei bod hi'n awr yn dibynnu ar ei drugaredd.

Â yno gyda dwy raff bwrpasol. Clyma ben y ddwy am delpyn o graig gadarn uwchben y fan. Ymeifl yn un ohonynt a'i ollwng ei hun fel creigiwr mewn chwarel o afael i afael i lawr y rhaff nes cyrraedd lle mae'r ddafad. Rhydd y bugail yr ail raff amdani'n ddiogel. Tyn ei hunan eilwaith i fyny'r rhaff i ben y graig, yna cwyd y ddafad yn ofalus. Mawr fydd ei lawenydd o'i chael yn ddiogel, a mawr fydd ei ofal amdani hyd nes yr adnewyddir ei nerth.

Yn sicr y mae gan y bugail ddigon o ddefaid yn weddill i ofalu amdanynt heb fentro ei fywyd i arbed yr un yna. Ond 'doedd dim dewis ganddo. Ei eiddo ef ydoedd. Pwy arall a âi? Gŵyr yn burion mai ef ei hun yw'r unig ateb i'w chri. Ac er iddo edrych yn ddihitio, gŵyr mai ei gyfrifoldeb ef yw ei gwaredu.

Fe gawn ninnau'n hunain trwy ein crwydro ffôl mewn cyflwr digon tebyg i'r ddafad, ac yn gweld y Bugail efallai yn hir iawn yn dod. Mae'n ymddangos i ni fod y Bugail yn ddihitio. Ond disgwyl y mae yntau am glywed y fref, y crac hwnnw yn y llais sy'n dweud ein bod bellach yn barod i adael iddo Ef ein hachub. Ni roddodd dynion sy'n credu ynddynt hwy eu hunain erioed groeso i ymyriad Duw yn eu bywyd.

'Agos yw yr Arglwydd at y rhai drylliedig o galon; ac efe a geidw y rhai briwedig o ysbryd.'
Salm 34:18

'Ceisiwch fi hefyd, a chwi a'm cewch, pan y'm ceisioch â'ch holl galon.'
Jeremeia 29:13

3
TREIALON CŴN DEFAID

'Wel di, Alun, hawdd gweld mai ci ifanc ydi hwn; symudith o ddim nes cael y gorchymyn nesaf o hyd.' Dywediadau tebyg i hyn a glywn o'm cwmpas pan eisteddwn yng nghanol rhai a ddioddefai'n drwm dan dwymyn treialon cŵn defaid.

Dyna lais arall o'r sedd ôl yn dweud pan wyliem gi arall yn gweithio, 'Dyma iti hen gi, wedi

rhedeg llawer sioe reit siŵr — 'dydi o'n gwybod beth i'w wneud nesaf cyn cael gorchymyn?' Erbyn sylwi, 'doedd ei symudiadau chwaith ddim bob amser yn cyd-fynd â'r gorchymyn y chwibanai ei feistr arno. Daw rhyw hunan-ymddibyniaeth neu hunan-hyder i mewn gan iddo droedio'r ffordd hon lawer tro o'r blaen. Peth caled yw disgwyl, aros hyd nes y daw'r gorchymyn, ac yntau'n meddwl y gwyddai o'r gorau. Ond 'dyw ei brofiad o'r hyn a ddigwyddodd o'r blaen ddim yn sicrhau y bydd yn gwybod yn union beth i'w wneud y tro hwn. Colli marciau a wna ci am hyn mewn treialon, a hynny oherwydd mai ei feistr yn unig a ŵyr hanes y cwrs. Gwahaniaetha cwrs o sioe i sioe, a'r meistr yn unig a ŵyr y cynllun o'i ddechrau i'w ddiwedd.

Er hynny, roedd fy nghydymdeimlad yn llawn â'r ci. Mor hawdd yw i gynefindra beri i ninnau droedio bywyd 'yn ein doethineb ein hunain' yn hytrach nag wrth orchymyn y Meistr — a cholli ei farciau. 'Rhodiwch fel plant y goleuni . . . gan brofi beth sydd gymeradwy gan yr Arglwydd' (Effesiaid 5:8,10). Mor ymddibynnol arno Ef y rhodiwn innau unwaith yng ngwres fy nghariad cyntaf ar gyfrif newydd-deb y ffordd.

'Hei, dyna'r ci yna wedi colli marciau rŵan,' meddai llais yn f'ymyl, un a wyddai reolau'r treialon cŵn defaid yma'n dda. 'Welaist ti o'n troi'n ôl?' Wel, wel! A dyna un o'r rheolau mae'n debyg — dim edrych yn ôl. Llygad i'r gwaith, a chlust yn unig i'r meistr. Tra bo ci yn troi yn ôl i edrych, gallasai'r defaid bach gwyllt fod wedi symud llathenni. Ac fe gyfrif coll amser yn goll marciau yma. 'Does dim edrych yn ôl unwaith wedi rhoi llaw ar aradr y bywyd newydd chwaith.

Rŵan, dyna gi arall yn dechrau ar ei gwrs. Dring ei feistr i ben tylan o wellt i weld y cyfan. Rhydd un chwiban a dyma'r ci i ffwrdd fel bollt ar y dde i 'mofyn deg o ddefaid. Ie, ar gylch. Wiw iddo ddod at y defaid yn rhy sydyn. Wedi dod o'u tu ôl caiff orchymyn i aros rhag dychryn y defaid. Rhaid ceisio ennill eu cydweithrediad. Mor hawdd fyddai iddynt, yn eu braw o'i weld, chwalu i bob man. Oes, mae ffordd o drin defaid! Yna, daw'r ci â hwy yn dawel i lawr y cae. Yn ddirybudd caiff orchymyn i'w gadael yn y fan a'r lle. Cymer dipyn i berswadio ambell gi i'w gadael, ac yntau wedi meddwl darfod ei waith a'i gyfrifoldeb efo'r defaid y funud honno. Ie, eu gadael a mynd i chwilio han-ner milltir i ffwrdd am ddeg dafad arall ar y chwith — chwilio am na wêl y ci mohonynt. 'A defaid eraill sydd gennyf, y rhai nid ŷnt o'r gorlan hon: y rhai hynny hefyd sydd raid i mi eu cyrchu' (Ioan 10:16). Rhaid mynd yn ôl gorchymyn y meistr — mynd fel Abram gynt heb wybod i ble, dim ond dibynnu'n ffyddiog ar y gorchymyn.

Erbyn hyn, mae'r meistr a'r ci yn mynd ati i wahanu pymtheg dafad oddi wrth y pump a nod-wyd â lliw coch, o fewn cylch crwn o flawd llif ar y cae. Bydd eisiau holl gydweithrediad y ddau yn llawn yn hyn. Gweithiant yn erbyn holl reddf y defaid. Bod efo'i gilydd yw diogelwch defaid, casglu at ei gilydd pan ddaw unrhyw gynnwrf yw eu hail natur. Pan geir y pump a nodwyd o fewn y cylch, a hwy yn unig, dyna ochenaid o ollyngdod — gorchest arall wedi'i chyflawni. Rhai ar wahân yw y wir Eglwys, onid e, wedi'u didoli oddi wrth y byd. Mor gyndyn y bodlonwn ninnau ar gael ein didoli.

Dyna lawenydd mawr i'r bugail yw cael cau llidiart y gorlan yn glep a rhoi'r cortyn dros y polyn. Mae'r defaid wedi'u corlannu — uchaf-bwynt y cwrs gan amlaf. Rhyw funud fach lawn hyfrydwch yw honno pan ddeil ein llygaid y meistr yn taro'i law ar gefn ei gi, rhyw amlygiad bach o'i gymeradwyaeth a'i werthfawrogiad, y ci yn cael 'Well done' y meistr. Ie, rhyw funud fach gysegredig o weld y ci fel petai yn cael mynd i mewn i lawenydd ei arglwydd.

Daw amser pryd y bydd y Bugail Mawr yn cau'r drws am y tro olaf hefyd.

4
Y LLWYNOG

I fyny hefo'r wawr, brecwast swta, sydyn heddiw, a thamaid mewn poced. Wisg, y lleiaf o'r cŵn, yn troi a throi mewn cylch fel topyn sgwrs yn hollol anghyfrifol.

Na, nid casglu defaid yw'r cynnwrf. I Wisg y daeargi nid yw defaid yn golygu dim. Un cip ar ddryll sy'n ddigon iddo fo. Ymweliad cŵn hela llwynog â'r cwm yw hwn.

Pennwyd amser a lle i ollwng y cŵn. Erbyn hynny disgwylid i bob person fod yn ei le priodol — ar lwybr y llwynog, neu'r mannau mwyaf tebygol pe digwyddai i'r cŵn ei godi. Cas beth yr heliwr yw i'r dynion dyrru at ei gilydd am sgwrs. Na, *un* yma ac acw, yn glustiau a llygaid i gyd. Ie, ar droed; mae'r ochrau yma yn llawer rhy serth i geffylau.

Dyna ollwng y cŵn. Chwifiant eu cynffonnau hirion fel baneri yn yr awyr, eu trwynau'n reddfol yn ffroenio'r ddaear ar unwaith gan droi a gweu drwy ei gilydd.

Maent heb wyntio dim arbennig hyd yma, ond yn dilyn trywydd oer lle bu'r llwynog yn troedio'r diwrnod cynt o bosib. Rhyw gyfarth isel disgwylgar sydd ganddynt — clep-clep — ar hanner rhedeg a cherdded. Yn sydyn, daw cynnwrf gwyllt drwy'r criw cŵn. Newidir eu cyfarth isel am ryw groch-lefain pendant — A--W--A--W--. Dyma sŵn wrth fodd calon yr heliwr. Galwant ar ei gilydd yn llawn cyffro, a daw'r rhai sydd ar wasgar yn ôl ar ras. Yn sicr, maent ar drywydd llwynog yn awr. Y creadur druan, pa obaith dianc sydd ganddo ac ugain a rhagor o gŵn ar ei warthaf?

Er ei fod yn elyn i'r da pluog a llawer mam oen, eto nid yw pob llwynog yn lladdwr. Yn wir, cawsai'r cyfan lonydd perffaith pe cawsai rugieir, cwningod a digon o lygod.

Rhyfedd, rhyfedd yw ei reddf i'w achub ei hun. Rhed y creadur cyfrwys bob amser yr un ffordd â'r gwynt rhag i'w drywydd gael ei gario i'r cŵn a'i dilyna. Y mynydd yw ei gyfeiriad bob tro — gŵyr mai dyna ei ddiogelwch, oni rwystrir ef. Hyd y gall fe ddewis lwybr y gŵyr yn dda amdano i'w ddinas noddfa. Fe groesa graig yn y fan serthaf bob tro; gŵyr nad yw'r cŵn mor droediog ag ef. Gwyliwyd unwaith gi hela yn ei ddilyn ar draws craig serth, a'r ci druan yn syrthio yn bendramwnwgl, yn gelain yn y gwaelod. Y funud honno newidiodd gweddill y cŵn eu cyfeiriad dros ben y graig a'r llwynog erbyn hynny wedi cael tipyn o flaen arnynt.

Pan nad yw'r mynydd yn bosibl, a'r cŵn hela yn dynn wrth ei sodlau, os bydd modd yn y byd, cyfeiria ei gamau tuag at nant neu ddŵr a throedio yn hwnnw am ysbaid. Cyll y cŵn ei drywydd mewn dŵr. Rhydd hyn egwyl iddo yntau gael ei wynt ato a chyfle i ailystyried ei gynllun i ddianc cyn rhoi cynnig eto arni am ddiogelwch. Popeth a rydd dyn — a llwynog! — am ei einioes.

Pwy, ys gwn i, a ddywedodd wrth y cadno fod cŵn hela bob amser yn dilyn trywydd yn hytrach na'r hyn a wêl eu llygaid? A'r criw cŵn yn glòs o'i ôl, gŵyr ei fod yn gyfyng arno — cyfyng, ond nid yn anobeithiol. Yn sydyn, try reit yn ei ôl a'i chyfeirio hi eto'r ffordd y daeth, gan weu yn ôl a blaen heibio'r cŵn a'u gadael hwy mewn penbleth dybryd sut yn y byd mawr y bu iddynt golli ei arogl mor sydyn. Tra ffroenant hwy yma ac acw i geisio datrys y dirgelwch, gedy'r llwynog bach hwy o'i ôl gan gyfeirio ei rediad unwaith eto tua'i ddiogelwch.

Ni edy llwynoges sy'n magu, a rhai bach gan-ddi'n sugno, drywydd o'i hôl i glepian — dyna ffordd natur o'i diogelu er mwyn parhad ei hil. Unig atebiad yr heliwr i'r anhawster hwn yw cael gast ymysg y cŵn yn yr un cyflwr â hithau. Hi yn unig o'r cŵn a all godi ei thrywydd. Pe digwydd i lwynoges gael ei lladd, a thorllwyth o rai bach yn disgwyl wrthi am eu cynhaliaeth yn niogelwch rhyw ffau, rhyfedd y ddarpariaeth sydd gan ragluniaeth eto i ddiogelu'r rhai bach. Fe ladd y llwynog ryw greadur, ac fe sugna ei waed. Pan ddychwel at ei rai bach amddifad o'u mam, fe chwyda — tafla i fyny'r gwaed ar lawr y ffau, a dyna swper cynnes i lanw cyllaon newynog ei rai bach.

Bu tynnu coes garw yn ein hardal am rywbeth a ddigwyddodd un tro. O weld pridd coch wedi'i grafu yn ddiweddar ar ochr y mynydd, aeth dau yno â rhawiau i durio. Cawsant afael ar lwynoges braf. Wedi rhoddi sawl trawiad marwol iddi â'u rhawiau, lluchiwyd hi i'r naill du tra parhasant hwy i durio am ei thylwyth, a hithau'n gorwedd yn gorpws llonydd yn ymyl. Yn sydyn, o glywed rhyw gynnwrf o'u hôl, troesant mewn pryd i weld y llwynoges yn ffarwelio'n slei â hwy, gan lithro'n llechwraidd allan o'u cyrraedd. Y cyfan a allent ei wneud oedd syllu mewn syndod mud fel R. Williams Parry yn ei soned: 'darfu, megis seren wib.' A hithau wedi chwarae 'marw' â hwy am gyhyd o amser.

Ceir hanes llwynog arall 'a laddwyd', a thor-rwyd ei gynffon am fod tâl i'w gael am bob llwynog a leddir. Ond fe ddihangodd yntau wedi esgus bod yn farw am gyfnod, a mynd i ffwrdd heb ei gynffon mor fuan ag y tybiai ei bod yn ddiogel iddo gymryd at ei goesau. Mor gyfrwys yw'r gynneddf i gadw einioes!

Ymddengys fod natur yn awyddus i ddiogelu'r llwynog. Mae hi o'i du bob tro. Fe ddigwydd yr hela pan fo'r hydref a'r gaeaf wedi lliwio'r rhedyn a'r llwyni, rhodfa'r defaid a'r fawnog, yr un lliw copraidd â'i fantell ef.

Fe'n dysgir gan y salmydd fod natur yn gyfan mewn ufudd-dod i ddeddf ei bodolaeth. Gŵyr beth sydd orau er ei les bob tro. 'Prennau yr Arglwydd sydd lawn sugn: cedrwydd Libanus, y rhai a blan-nodd efe; lle y nytha yr adar: y ffynidwydd yw tŷ y ciconia. Y mynyddoedd uchel sydd noddfa i'r geifr; a'r creigiau i'r cwningod. Efe a wnaeth y lleuad i amserau nodedig: yr haul a edwyn ei fachludiad. Gwnei dywyllwch, a nos fydd: ynddi yr ymlusga pob bwystfil coed. Y cenawon llewod a ruant am ysglyfaeth, ac a geisiant eu bwyd gan Dduw. Pan godo haul, ymgasglant, a gorweddant yn eu llochesau' (Salm 104:16-22). Sylwa'r salmydd ar y gwahaniaeth rhwng hynny a'r pechadur, ac ni all ond dweud, 'Darfydded y pechaduriaid o'r tir, na fydded yr annuwiolion mwy' (adn. 35).

Dysg Eseia yr un gwirionedd, a dywed, 'Yr ych a edwyn ei feddiannydd, a'r asyn breseb ei berchennog, ond Israel nid edwyn, fy mhobl ni ddeall' (Eseia 1:3). Yr un modd dywed Jeremeia, 'Ie, y ciconia yn yr awyr a edwyn ei dymhorau; y durtur hefyd, a'r aran, a'r wennol, a gadwant amser eu dyfodiad; eithr fy mhobl i ni wyddant farn yr Arglwydd' (Jeremeia 8:7).

Y trychineb am ddyn yn ei ystad neu gyflwr pechadurus yw, na ŵyr beth sydd orau er ei les. Fe wrthryfela yn erbyn deddf ei gadwedigaeth a drefnwyd er ei iachawdwriaeth. Gras Duw yn unig a wnaiff agor ei lygaid i'w ffolineb a'i wneud yn 'ddoeth i iachawdwriaeth'.

5
NIWL

Gwawriodd diwrnod arall, a hwnnw mor ddigyffro a thawel â'r rhai o'i flaen. Parhâi'r niwl yn isel a thywyll. Tybed a oedd y mynyddoedd yma mewn rhyw gyngor cyfrin â'i gilydd — o olwg rhythlyd byd — a dim mwy o awydd arnynt rannu eu cyfrinach â ni heddiw eto?

Wel o'r diwedd! A! Dyma'r haul yn ceisio ymwthio'n galed trwy'r tarth. Mae'n edrych yn swil, fel pe bai'n ceisio'n slei bach weld beth fu'n hanes ni'r dyddiau diwethaf yma. Gan nad yw haul a niwl ar delerau rhy dda â'i gilydd, ac na cheir hwy'n hir yng nghwmni ei gilydd, gwelwyd bod gobaith o'r diwedd y gellid casglu'r defaid o'r mynydd. Roedd diwrnod cneifio yn ymyl a'r defaid

heb gael eu golchi hyd yn oed. Yn ffyddiog y bydd-
ai'r haul yn llwyddo i yrru'r niwl i ffwrdd, galwyd y
cymdogion a arferai helpu. Cychwynnwyd yn fintai
fach hwyliog tua'r mynydd. Gweai a throsai'r cŵn
drwy'i gilydd fel plant yn mynd ar wibdaith. Roedd
ychwanegiad cŵn diarth yn esgus i rampio a rhedeg.

Gan adael y gweddill, cyfeiriodd John a'r cŵn
eu camre at ffin bella'r mynydd. Wedi cerdded
gryn dipyn daeth yn amlwg nad oedd diben mynd
yn eu blaen. Roedd y niwl yn tewhau. Hawdd
gweld mai'r niwl am y tro a enillodd ar yr haul.
Cysidrai mai cymryd y ffordd ferraf adref oedd y
peth callaf iddo.

Ond yn wir, ymhen ychydig rhaid oedd iddo
gyfaddef nad oedd hanner mor siŵr pa gyfeiriad yr
oedd ei gartref erbyn hyn. Cuddiai niwl bob nod
gweladwy y gallai gyfeirio ei gamre tuag ato.
Gwenai wrth gofio am rai yn colli eu cyfeiriad
mewn niwl. Byddai'n amhosibl i hynny ddigwydd
iddo ef ar yr hen fynydd yma, darn o'r ddaear a
adwaenai fel cefn ei law. Cychwynnodd, fe
dybiodd, i'r cyfeiriad iawn, a'r cŵn yn ei ddilyn.
Gwell fuasai pe dilynasai ef y cŵn. Gwyddent hwy
y ffordd o reddf yn well nag ef. Ond sut y gallai
roi ar ddeall i'r creaduriaid gwirion? Dilynent wrth
ei sodlau, gan ymddiried fod pwrpas i bob cam a
thro o'i eiddo.

Daeth yn sydyn ar draws torlan fawn, lle tor-
rai'r cyndeidiau eu mawn. Gallasai daeru na
welodd mohoni erioed o'r blaen, edrychai mor
ddieithr o ddu a dwfn fel y caeai'r niwl o'i
chwmpas fel rhyw len wlanog. Wrth ddal i gerdded
— ai ymlaen ai ynteu'n ôl ni wyddai — deuai at
ambell lannerch a ddylasai ei hadnabod yn dda
iawn. Ond gan y deuai ati y tro hwn o gyfeiriad
gwahanol, edrychai popeth mor ddiarth.
Dechreuodd amau'r cwbl. Ni allai ymddiried mewn
dim a welai.

Fel y cerddai wysg ei drwyn deuai ambell gar-
reg yn sydyn i'w gwrdd, fel petai'n cerdded allan
o'r niwl. Edrychai fel telpyn o graig fawr yn erbyn
ei chefndir niwlog. O rythu arni gwelai'r rhigolau
a'r rhychau oedd ar ei hwyneb — pethau na
chymerai fawr sylw ohonynt o'r blaen pan doddent
i'w gilydd yn rhan o'r olygfa. Aethai pethau bach
yn fawr rywsut. Arswydai o feddwl mai dyma
ddechreuad colli cydbwysedd pethau, ie, colli syn-
nwyr.

Ymhen tipyn, er ei syndod, fe'i cafodd ei
hunan yn ôl eto wrth y geulan fawn. Wel, wel!
Dyna wastraff ar amser ac egni! Cerdded o
gwmpas mewn cylch dibwrpas heb fynd i unlle.

Sylweddolodd am y tro cyntaf fod dau fath o
niwl i'w gael. Codi o leithder afon a chors a llyn a
wna niwl y dyffryn, gyda budreddi mwg tref
ambell dro yn ychwanegu ato a'i wneud yn gymaint
mwy o niwl. Tebyg ydyw i'r niwl neu'r tywyllwch a
ddaw arnom weithiau pan dorrwn ddeddfau natur
neu iechyd, neu yn wir unrhyw un o ddeddfau
Duw. Dyma rywbeth y gallwn ddisgwyl iddo ddod
arnom o reidrwydd yn nhrefn pethau.

Niwl mynydd yw'r math arall. Daw hwn i lawr
oddi uchod megis. Dyma'r math ar niwl a ddaw
arnom mewn bywyd pan fydd ei brofedigaethau a'i
anawsterau yn peri inni ofyn, 'Pam y daeth hwn
i'm rhan i?' Gall guddio wyneb ein Tad Nefol a
chuddio'r nefoedd rhagom. Gall guddio hefyd bob
nod a diben i fywyd a'n gadael heb ddim i ym-
gyrraedd ato a byw er ei fwyn.

Dal i gerdded a wnâi John fel dyn dall, gan
obeithio'n bennaf ddod o hyd i rywbeth a roddai
sicrwydd iddo ei fod ar y ffordd iawn. Edrychai'r
defaid y deuai ar eu traws mor fawr â lamas yn y
niwl. Dyma'r adeg i werthu defaid! Rhoddai'r nod
gwlân a welai arnynt sicrwydd ei fod o fewn ei dir
ei hun beth bynnag. Ie, ond ar goll! Porai'r defaid

yn hapus braf fel pe na bai dim o'i le. Y tawelwch hwnnw a'i hatgoffai am ambell un mewn bywyd â nod Bugail Mawr y praidd yn amlwg arnynt, yn yr heddwch a'r tangnefedd a'u meddiannai yn y niwl tewaf.

Arswydai wrth feddwl, beth pe deuai yn sydyn at fin Craig Lledron neu Graig y Pistyll Gwyn? Troediai'n fwy gofalus yn awr, gan synhwyro ei gerddediad wrth fynd ymlaen. Dod ar draws Nant Bumrhyd oedd ei obaith. Pe deuai at glawdd y mynydd, ni fuasai ddim botwm yn nes at wybod pa gyfeiriad i'w gymryd; rhyw fynegbost mud yn dweud dim yw hwnnw. Ond y mae i ddŵr gymeriad a hwnnw'n un cyson, un y gellir dibynnu arno: y dyffryn yw ei gyfeiriad bob amser. Teimlai fel pe bai yng ngwlad hud a lledrith — tybed a symudodd y tylwyth teg y nant i rywle? Yn ei ddryswch 'doedd ganddo ddim i'w wneud ond cyfaddef fod pob ymdrech o'i eiddo wedi mynd yn ffliwt. Arhosodd i wrando, ie gwrando, yn y distawrwydd . . . A! Clywai sŵn dŵr yn rhywle. Wel, o'r diwedd! Gwrando eto, a mynd yn araf i'w gyfeiriad. Gorfu iddo blygu'n ofalus at fin y dŵr i wybod pa ffordd y rhedai, gan drwched y niwl. Dilynai'r nant yn awr gyda sioncrwydd newydd yn ei gamau a theimlad o hyder pendant, fel dyn wedi dechrau cael pen y ffordd mewn bywyd a dod o hyd i'r gwirionedd y bu'n chwilio amdano gyhyd.

O ddilyn y nant fach a ddawnsiai dros y cerrig, yn sydyn a dirybudd daeth allan o'r niwl. Safodd eto, ond i syllu y tro hwn — syllu fel pe bai mewn breuddwyd ar wyrddlesni'r dyffryn islaw. Roedd fel dyn a gafodd ei olwg, neu enaid a ddaeth o dywyllwch i oleuni.

Dychwelodd heb y defaid, ond gwyddai iddo weld llawer yn y niwl sy'n wir iawn am fywyd. Rhaid i'r colledig, fel yr un a gollodd olwg ar ei Waredwr, chwilio'n ddyfal am fywyd ac aros yn aml i wrando, nes y daw o hyd i'r dŵr bywiol sy'n tarddu i fywyd tragwyddol ac a ddaw â ni o'r niwl i'r goleuni.

'Mi a ddeuthum yn oleuni i'r byd, fel y bo i bob un a'r sydd yn credu ynof fi, nad arhoso yn y tywyllwch.'
    Ioan 12:46

'A'r dydd hwnnw y rhai byddar a glywant eiriau y llyfr, a llygaid y deillion a welant allan o niwl a thywyllwch.'
    Eseia 29:18

6
DERBYN
RHODD

Beth sydd mor brydferth â golygfa aeafol, pan
fo'r eira'n drwch gwyn ymhobman. Mae'r coed fel
rhyw golofnau duon, gyda'u breichiau di-ddail yn
ymestyn allan i groesawu'r stormydd, a changhen-
nau'r coed gwyrdd fel petaent yn cystadlu â'i
gilydd i ddal cymaint ag sy'n bosibl o eira nes
cyfyd y gwynt a'u hysgwyd a thorri ar eu difyr-
rwch. Hongiai'r rhaeadrau, wedi'u dofi gan rew,
yn swrth dros ymyl y creigiau fel rhyw fodau gwyn
o'r gofod. Dyma brydferthwch bro ar ei orau.

Gresyn na allai barhau fel hyn am amser, yn lle bod dadmer yn ei ddifetha.

Ond rhywbeth gwahanol a ddywed yr amaethwr defaid. Ni werthfawroga ef y prydferthwch gwyn o gwbl, o gofio ei fod yn gorchuddio pob tyfiant, a phorthiant y ddafad druan. Mae'n wir y gall defaid fodoli'n hir ar eithin a thurio at grawcwellt a brwyn. Edrychant yn eitha bodlon arnynt eu hunain, ond bydd eu cyflwr yn waeth na'u golwg. Gwaetha'r modd, 'dydi bodoli ddim yn ddigon i wynebu storm ar ôl storm a all fod eto yng nghôl y gaeaf.

Ymdrech fawr y bugail yn awr yw eu denu i fwyta rhywbeth gwell, y gall ei gynnig iddynt o'i law. Ond rhaid iddi fod yn gaeëdig iawn arnynt o bob bwyd arall cyn yr ystyriant y fath ddarpariaeth. Rhaid iddi ddod i'r pen ar bob ymdrech o'u heiddo hwy i allu hel eu tamaid cyn yr ystwythant a chydsynio. Mae'n groes i'r graen rywsut, yn ddilorniad ar natur gynhenid a greddf y ddafad fynydd, i gymryd rhywbeth na chwiliodd amdano. Chwilio yw ei bywyd. Mae wrthi drwy'r dydd. Ac ni wnaeth ddim oll i ennill y tamaid hwn o law'r bugail, dim ond ei dderbyn fel rhodd.

Llawenydd mawr i'r bugail yw eu gweld yn dod o un i un i dderbyn yr hyn sydd ganddo ar eu cyfer. Ond bydd rhai ym mhob casgliad o ddefaid yn siŵr o wrthod. Deuant at y bwyd gyda'r gweddill, ond rhyw droi i'r naill ochr a wnânt, neu gamu drwy'r cafnau bwyd, tra bo'r lleill yn bochio bwyta. A'r rhai olaf hyn a all wynebu hirlwm gaeaf yn gefnog. Gofid calon i'r bugail yw gweld y gweddill yn colli'r dydd yn raddol. Hawdd eu hadnabod mewn gyr o ddefaid. Mae rhyw wawr las, ddilewyrch ar eu gwedd. Anobeithiol yw ceisio eu gorfodi i fwyta; dim ond dod â'r bwyd i'w cyrraedd, dyna'r cyfan, a cheisio eu cymell ato.

Golygfa drist yw eu gweld yn dihoeni yng

nghanol digonedd. Gwrthodant am na welant
gysylltiad rhwng eu hangen a'r hyn a gynigir
iddynt. Er bod eu bywyd yn dibynnu arno,
methant werthfawrogi'r hyn a ddarparwyd ar eu
cyfer fel modd i'w cadw'n fyw. Ond unwaith y
caiff dafad archwaeth at y bwyd a gynigir iddi, a'i
adnabod fel darpariaeth ar ei chyfer, ni chyll byth
ei blas arno. Fe gymer ato'n rhwydd weddill ei
hoes. 'Oedd, roedd hon yn un o'r rhai oedd yn
bwyta'r llynedd,' meddai John.

Mor wir yw hyn amdanom ninnau yn ein had-
waith i'r hyn a ddarparodd Duw ar ein cyfer yng
ngwaith gorffenedig yr Arglwydd Iesu Grist
drosom.

'Fel y gallai ddangos yn yr oesoedd a ddeuai,
ragorol olud ei ras ef, trwy ei gymwynas-
garwch i ni yng Nghrist Iesu. Canys trwy ras
yr ydych yn gadwedig, trwy ffydd; a hynny
nid ohonoch eich hunain: rhodd Duw ydyw:
nid o weithredoedd, fel nad ymffrostiai neb.'
Effesiaid 2:7-9

'Myfi yw bara'r bywyd. Yr hwn sydd yn
dyfod ataf fi, ni newyna; a'r hwn sydd yn
credu ynof fi, ni sycheda un amser . . . Yr
hyn oll y mae'r Tad yn ei roddi i mi, a ddaw
ataf fi: a'r hwn a ddêl ataf fi, nis bwriaf ef
allan ddim.'
Ioan 6:35,37

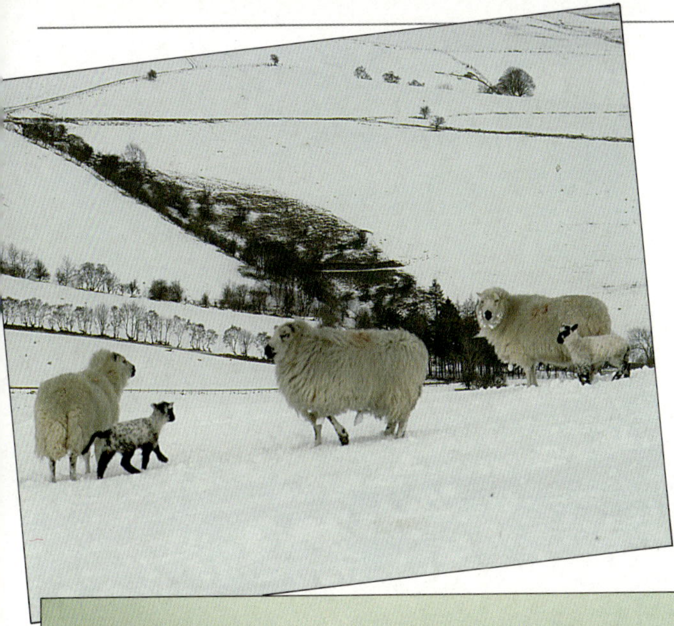

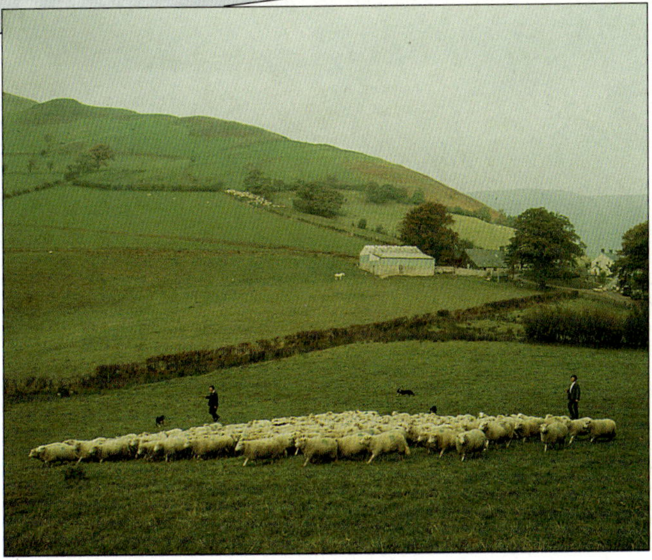

7
DWYANIAN

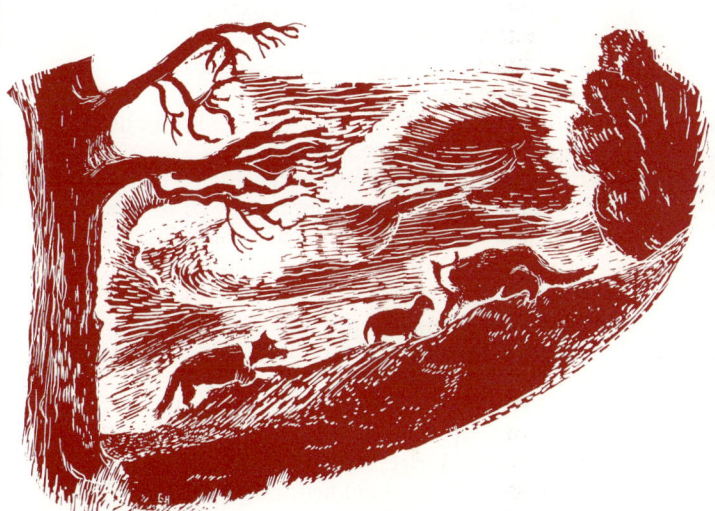

'Nage wir, 'does bosib mai Moss a Mist ydi'r
rhain,' meddai John, a'i wynt yn ei ddwrn wedi
prysuro fin nos i fyny'r cwm i gyfeiriad y mynydd.
Deall bod rhyw gynnwrf ymysg y defaid a wnaeth
iddo gyfeirio'i gamau yno. A'r funud nesaf gorfod-
wyd ef i gredu'r hyn a welai — mai ei gŵn ef ei
hun oeddyn nhw, un ymhob pen i oen, yn ceisio ei
ladd. Y fath olwg filain a dieithr oedd arnynt!
Rhoddodd waedd iddynt ei ollwng, ac yna ceisio eu

gwahodd ato i gael gafael arnynt.

Ond yr oeddynt yn hollol fyddar i'w orchymyn. Er chwibanu, a galw eu henwau, roeddynt fel pe baent wedi ymysgwyd yn rhydd oddi wrth bob awdurdod. Roeddynt wedi cymryd y cyfan bellach yn eu dwylo'u hunain (pe bai dwylo gan gŵn!); roeddynt yn feistri arnynt eu hunain, yn gwrando'n unig ar eu hen anian wyllt. Roedd yr hen elfen wyllt sydd ym mhob ci defaid fel pe bai wedi'i gollwng yn rhydd ynddynt yn awr. Bellach roeddynt fel cŵn cynddeiriog wedi cael blas ar waed ac yn ysu am ladd i flasu rhagor.

Trychineb a thristwch mawr oedd gweld amryw o famogiaid o'u cwmpas yn llarpiau llonydd, marw — rhai â'u hŵyn yn pensynnu uwch eu pennau a'r ffaith eu bod yn amddifad heb wawrio arnynt eto; eraill wedi'u gwasgaru i bob cyfeiriad. Druan â John, yn gweld nid yn unig y fath olygfa a'r dioddef o'i amgylch, ond yr un pryd yn gweld ei gŵn yn hollol ddiddisgyblaeth, ddireol, yn mynd ymhellach, bellach dros y pistyll a thros ochr y mynydd, i gyfeiriad rhyw ardal arall. Chwibanai a chwibanai, ond 'doedd dim troi'n ôl arnynt. Dyma brofiad trist i'r eitha, a'r brofedigaeth fwyaf a all ddigwydd i fugail — ei gyfeillion pennaf y funud honno wedi troi yn elynion iddo! Dyma doriad terfynol ar yr hen berthynas. Roedd y rhai yr ymddiriedodd ynddynt, y rhai a fu mor ufudd iddo, bellach yn ei anwybyddu a'i ddiystyru'n llwyr.

Roedd Moss yn ddeuddeg oed, heb fawr ddant yn ei geg, wedi'i ddenu yn yr oed yna gan ast ifanc! Gwyddem mai Moss oedd cariad Mist o blith y cŵn oedd yma. Rhyw ddangos ei hun i'w gariad, ac ymdrech i'w boddio o bosib, a wnaeth i Moss gymryd rhan yn y gyflafan. Ymuno â chwmni drwg a drodd yn brofedigaeth iddo.

Gyda chamau trymion, a chalon blwm,

dychwelodd John adre i adael i gymdogion yr ardal arall wybod fod ei gŵn ar ymweliad dinistriol â'u cwm. Yna yn ôl ag ef eto i'r mynydd ar wyliadwriaeth, a hithau'n nos erbyn hyn. Roedd dryll ganddo rŵan i roi terfyn ar eu gwallgofrwydd pe dychwelent i ladd eto — profiad na ddigwyddodd iddo erioed o'r blaen.

Noson dawel, gynnes ym mis Awst ydoedd. Bu oriau o glustfeinio yn nhawelwch y cwm, ond dim ond siffrwd y nant oedd i'w glywed, ac ambell symudiad dafad, a chyffro ambell aderyn y torrwyd ar ei heddwch. Gyda'r wawr ymunodd cymydog ag ef i fynd i olwg y mynydd lle cyfeiriodd y cŵn, ond heb ganfod dim o'i le.

Bore trannoeth daeth y newydd trist o Gwm Cywarch iddyn nhw ddal y ddau lofrudd yn lladd, a bod Moss wedi'i saethu. Dychwelodd Mist adre ei hunan dros y gefnen, wedi gadael galanas o laddedigion gwlanog o'i ôl. Gorchwyl hawdd, heb golli deigryn, oedd ffarwelio â Mist hefyd, er cymaint y gobeithion ynddi unwaith, canys deuai o hil cŵn defaid llwyddiannus iawn mewn treialon. Ond yr un yw'r natur boed y gwaed yn 'pedigree' neu beidio.

Cŵn oeddynt â'u gwreiddiau cyntefig yn hanu o'r blaidd, ond bod cenedlaethau o genhedlu rhyngddynt a hynny, a disgyblu cyson arnynt i ddofi'r hen anian i'w sianelu i weithgarwch a defnyddioldeb. Er cystal y ddisgyblaeth, tra bo'r hen anian yna, gall ddod i'r wyneb unrhyw bryd a mynnu ei phen a llywodraethu. Nid digon disgyblu hen anian a cheisio byw i fyny â rhyw safon. Ond dyna'r eitha a'r gorau y gall bugail ymdrechu i'w wneud. Ni all greu unrhyw beth newydd o'u mewn, dim ond gwneud y gorau o'r defnydd sydd ganddo.

'Doedd y gwaed a'r gyflafan ar lethrau Mawddwy a Chywarch yn ddim byd o gwbl wrth yr hyn a wnaeth dynion i'w gilydd. Nid mewn cŵn yn unig y mae hen natur gyntefig yr anwar yn llochesu. A 'dyw methiant cenedlaethau o fugeiliaid i ddiwyllio ci yn ddim ond dameg eiddil o fethiant dyn i'w ddiwyllio'i hun. Oni welsom ni genedl fwyaf 'diwylliedig' Ewrop yn hyrddio ei chyd-ddynion wrth y degau o filoedd i gorlannau Belsen a Buchenwald, a'r gwledydd 'gwâr' i gyd yn wir wedi ymollwng mewn gwallgofrwydd i ddarnio a lladd a dinistrio? Ac oni welwn ni bob dydd yn y papurau, mor denau a bregus yw'r atalfeydd i'r gwanc a'r barusrwydd a'r anghyfraith sydd o'n mewn?

Eithr yng nghanol y cwbl y mae ar gael wyrth y greadigaeth newydd, canys nid disgyblu'r hen anian yw camp gyntaf a champ fwyaf y Bugail Da. Wedyn y daw hynny. Yr anian newydd yw'r wyrth fawr, a'r syndod syfrdanol. 'Od oes neb yng Nghrist y mae efe yn greadur newydd.' A rhodd yw honno i'r neb a welodd drueni'r hen anian a dod ato Ef mewn ffydd i geisio'r rhodd anhraethol.

'Ymysg y rhai hefyd y bu ein hymarweddiad ni oll gynt, yn chwantau ein cnawd, gan wneuthur ewyllysiau y cnawd a'r meddyliau; ac yr oeddem ni wrth naturiaeth yn blant digofaint, megis eraill. Eithr Duw, yr hwn sydd gyfoethog o drugaredd, oherwydd ei fawr gariad trwy yr hwn y carodd efe ni, ie, pan oeddem feirw mewn camweddau, a'n cydfywhaodd ni gyda Christ.'
Effesiaid 2:3-5

'Trwy'r hyn y rhoddwyd i ni addewidion mawr iawn a gwerthfawr; fel trwy'r rhai hyn y byddech gyfranogion o'r duwiol anian, wedi dianc oddi wrth y llygredigaeth sydd yn y byd trwy drachwant.'
2 Pedr 1:4

Rhaid im wrth galon newydd,
O gread Ysbryd Duw,
Yn elfen nefoedd ynwyf,
Cyn mynd i'r nef i fyw.

TAFOLOG

8
GWISGO OEN

Miwsig oen ym maes gwanwyn,
O! y mae yn fiwsig mwyn!
A mamog weithiau'n mwmian
Yn fwy cre'i 'me' na'r ŵyn mân . . .

Eben Fardd sydd yma — nid ar ei orau efallai —
yn canu i'r gwanwyn, amser prysur ond pleserus
iawn i'r bugail. Wrth fynd o amgylch y caeau caiff
y mwynhad o weld yn barhaus ryw fywyd bach
newydd yn ymddangos. Y fath hyfrydwch wedyn
yw gwylio'r ŵyn yn prancio a rhedeg fel pe baent
mewn rhedegfeydd proffesiynol! Fel y dywed Evan
Jenkins, Ffair-rhos:

Yn yr awr y bwrir o, — gwêl y gwan
Sigl ei gwt yn sugno,
Encyd, a bydd yn prancio,
Rhedeg ras ar hyd y gro.

Canlyniad ambell aeaf hir a chaled yw i'r
mamogiaid fynd yn wael eu cyflwr. Ar dymhorau
felly caiff y bugail ei hun yn gweithio yn erbyn
natur, ac ymdrech galed yw honno bob tro. Pan
rydd dafad wan enedigaeth i oen, fe gerdda i
ffwrdd yn hamddenol heb frefu o gwbl fel pe bai
dim wedi digwydd, er i'w hoen bach alw ar ei hôl
ar dorri ei galon. Mae'r ddafad, oherwydd ei gwen-
did, heb ddigon o gynhaliaeth i'w chadw ei hun
heb sôn am fagu oen, a dyma ffordd gyfrin natur i
ofalu am fywyd y ddafad.

Yr un adeg, o bosib, bydd dafad arall gwell ei
chyflwr wedi colli ei hoen. Blinga'r bugail yr oen
hwnnw'n ofalus. Yna gwisga ei groen fel mantell
am yr oen a wrthodwyd, gan wneud tyllau i roi ei
draed a'i ben trwyddynt. Wedyn rhydd yr oen a'r
croen amdano gyda'i fam wen, mewn congl
gyfyng.

Mawr yw'r dirnad pa dderbyniad a gaiff, oher-
wydd mae pob anifail mor selog a chraff am ei
eiddo. Gwyntia'r ddafad yr oen yn ofalus o'i ben i
flaen ei gynffon. Hawdd gweld ei bod yn amau.
Mae fel petai'n dweud, 'Sut yn y byd y mae arogl
fy oen i ar hwn?' Parha i'w wyntio. Anadla'n
drwm drwy'i ffroenau. O'r diwedd dyna'r croen
wedi gwneud ei waith! Cymer ambell ddafad fwy o
amser na'i gilydd cyn cymryd ei pherswadio mai ei
heiddo hi yw'r oen.

Llawenydd i'r bugail yw eu troi allan i ryddid
y caeau yn gwpwl sicr o'i gilydd, yn bâr clòs a
chynnes. Gŵyr y bydd yr holl freintiau gwlanog y
buasai'r fam-ddafad yn eu rhoi i'w hoen ei hun yn
eiddo bellach i'r oen bach a fabwysiadwyd.

Mae rhywbeth yn debyg iawn mewn Cristnogaeth, ond bod y gwisgo hwnnw yn fater o drefn ac nid yn fater o dwyll. Ni all Duw yn ei sancteiddrwydd dderbyn rhai fel ni, sydd mor gwbl wahanol iddo. Ein hunig obaith yw trefn y cadw. A'r trefniant hwnnw ydyw i Grist drwy ei farwolaeth gymryd arno ein pechod ni, fel y gallesid yn gyfiawn ein gwisgo ni â'i gyfiawnder Ef. Yna byddwn yn ei olwg fel pe na baem erioed wedi pechu. Ryfeddol drefn!

'Canys yr hwn nid adnabu bechod, a wnaeth efe yn bechod drosom ni; fel y'n gwnelid ni yn gyfiawnder Duw ynddo ef.'
2 Corinthiaid 5:21

'Y cyfaill, pa fodd y daethost i mewn yma, heb fod gennyt wisg priodas? Ac yntau a aeth yn fud . . . Teflwch ef i'r tywyllwch eithaf: yno y bydd wylofain a rhincian dannedd.'
Mathew 22:12-13

'Eithr gwisgwch amdanoch yr Arglwydd Iesu Grist.'
Rhufeiniaid 13:14

O! diolch am Gyfryngwr —
Gwaredwr cryf i'r gwan;
O! am gael ei adnabod —
Fy Mhriod i a'm Rhan;
Fy ngwisgo â'i gyfiawnder
Yn hardd gerbron y Tad;
A derbyn o'i gyflawnder
Wrth deithio'r anial wlad.
ROGER EDWARDS

9
DOD I'R AFAEL

'Caron! . . . *Caron!*' Mae'r alwad yn diasbedain ar draws y cae. Ond parhau i bori'n ddihidio a wnâi'r hen ferlyn call, fel pe bai dim cysylltiad rhyngddo a'i enw. Bron na chlywn ef yn dweud drwy'i ddannedd, 'Rhywun eisiau defnyddio fy nghefn i eto. Mi wnaf y gorau o'm rhyddid tra bydd o gen i.'

Parhâi Caron i fachu ceged ar ôl ceged o'r glaswellt â'i ddannedd cryfion. Cymerodd gam neu ddau ymlaen yn ddidaro, heb gymaint â chodi ei ben fel pe'n dweud, 'Rwy'n ddigon hapus fel yr ydw i ar hyn o bryd, diolch yn fawr.'

Ond er cystal ei benderfyniad i geisio anwybyddu'r alwad, a chystal blas y gwyrdd-ddail newydd . . . mae'n codi ei ben i wrando, gan edrych i gyfeiriad y llais. Atgoffa'r llais ef, o bosib, o'r mwynhad a gawsai o flas cynnwys y ddysgl a'i disgwyliai wrth y llidiart. Efallai i don o atgofion ddod heibio am y gwmnïaeth a gawsai. Yn betrusgar, rhydd gam neu ddau i'r cyfeiriad, ac aros eto. Yn sydyn, fel pe bai'r atgof wedi meddiannu ei goesau i'w garnau, mae'n codi trot i gychwyn, ac yn cyrraedd y glwyd ar garlam.

Na, ni ddaw yn rhy agos. Sylweddola'n dda mai dim ond abwyd yw cynnwys y ddysgl fach i'w ddenu'n ddigon agos i rywun afael yn ei fwng — y cam cyntaf i'w gaethiwo i ffrwyn a chyfrwy. Gŵyr fod modd disbyddu cynnwys y ddysgl a pharhau i ohirio cymryd ei ddal. Y gyfrinach yw estyn ei geg cyn belled ymlaen ag sydd bosib, a chadw ei dalcen a'i fwng yn ôl gymaint fyth.

Cynigid iddo ddarn dyrned o gyrch ar gledr y llaw chwith. Ond gwyliai'n wyllt 'run pryd y llaw dde â'i lygaid mawr. Honno sy'n beryg bywyd am fachiad sydyn am ei fwng. Ar y dechrau ni wnaed unrhyw ymdrech i'w ddal, er mwyn iddo anghofio cadw gwyliadwriaeth. Cafodd fwynhau'r geged gyntaf, a chynnig rhagor, ond mewn pryd gwelodd y llaw dde yn dod, a chododd ei ben yn ddibetrus a rhoi rhyw sgiawt o dro ar gylch. Dychwelodd eto fel pe bai'n methu peidio rywsut. Braf fuasai cael rhywbeth sydd gennych ei eisiau heb orfod gwerthu eich rhyddid amdano. Ofnai, unwaith wedi'i ddal, mai tyndra'r ffrwyn a reolai ei rediad a'i gerddediad, a hyd yn oed bob aros wedyn.

Yn ddirybudd dyna law gadarn yn gafael yn ei fwng. Gwnaeth cadernid yr afael sicr iddo ildio y funud honno. Ildiodd yn llwyr heb brotest yn y byd. Na, nid yfô yn penderfynu rhoi'r gorau iddi, ond sicrwydd a chadernid gafaeliad y llaw a oedd yn ei ddal . . . yna yr ildio di-gadw'n-ôl.

Roedd yn awr at ein galwad. Hawdd gweld y mwynhad a gâi yn y gwmnïaeth — efallai yn y sylweddoliad o'r pleser a roddai i'w feistr ac eraill a'i marchogai. Ymddangosai fod eu mwynhad hwy yn eiddo iddo ef. Yn rhwydd dychmygwn ef yn dweud, 'Pam y cyndynrwydd ynof i ddod i'r afael?'

Gallaswn feddwl mai llawenydd oedd ildio ei hawl iddo'i hun, a'i ewyllys ef yn ymgolli yn ewyllys gryfach ei feistr. Ymddangosai yn fwy bodlon na phan oedd yn crwydro'n wyllt ddiamcan yn ôl ei deimladau a'i dueddiadau ei hun. Roedd yn llawn o'r llawenydd a ddaw o fyw i bwrpas. Daw pob ceffyl yn fwy o gymeriad mewn harnais, pan fydd ei benrhyddid wedi'i ffrwyno'n ddisgybledig dan law ei feistr. Mae'n greadur gwahanol, fel pe bai wedi cael natur newydd.

Ni thyf perthynas arbennig o glòs o anghenraid cydrhwng anifail a'r sawl sy'n ei fwydo. Cymer ei gynhaliaeth yn ganiataol. Bron nad yw'n ei hawlio — fel ninnau sy'n byw ar fendithion tymhorol Duw. Ni wna ei roddion ynddynt eu hunain beri inni garu'r Rhoddwr. Ond i greadur a ddysgodd ufuddhau i'w feistr, fe blethir rhyngddynt ryw berthynas ar lefel uwch, perthynas gyfrin, gysegredig a wna iddo aros yn yr afael.

> *Gwna fi yn gaethwas, Iôr,*
> *Ac yna byddaf rydd;*
> *Gorfoda fi i ildio 'nghledd,*
> *A choncwest imi fydd.*
> GEORGE MATHESON

10
Y BODA

Dylasai golchi llestri fod yn hyfrydwch mawr i mi.
Dim ond codi fy llygaid drwy ffenestr y gegin a
gwelaf olygfa odidog ryfeddol, a'r ffordd fel rhyw
linyn llwyd yn dolennu am wddf y mynydd. O fynd
ar hyd-ddi cawn ddewis mynd i Lanuwchllyn a'r
Bala neu, os mynnwn, i Lanwddyn. Dyma'r bwlch
uchaf yng Nghymru — Bwlch y Groes — y teith-
iodd Howel Harris a Thomas Charles a'r hen
bregethwyr teithiol trwyddo. Gwna ei serthedd
i'r gyrrwr dibrofiad arafu'n arw. Hawdd gweld
pwy fu ar hyd-ddo o'r blaen. 'Byth mwy' yw ad-
waith ambell un a'i mentrodd. Dychmygaf yn aml
yr olwg bryderus ar wyneb y gyrrwr, a druan o'r
wraig wrth ei ochr!

Yn aml yn y gwanwyn gwyliaf olygfa fwy diddorol fyth. Digwydd yn yr awyr rhyngof a Bwlch y Groes — cynulleidfa o adar mân, a brân neu ddwy yn eu canol, o gwmpas boda. Ceisiant gael pigiad arno nawr ac eilwaith yn slei bach o'i du ôl, yn dâl am iddo ymweled yn ddifrodus â'u nythod. Na, ni châi fynd, er ei faint, heb roi ar ddeall iddo y carent ddial arno. Llawenydd iddynt, mae'n siŵr, yw gweld ambell bluen o'i eiddo'n hofran yn hamddenol yn yr awyr. Rhydd y boda yn eu canol ambell sbonc sydyn i'w hosgoi; dro arall defnyddia ei adenydd cryf i'w hysgwyd i ffwrdd. O'r diwedd caiff ddigon arnynt. Ni all eu dioddef yn ei boeni ragor. Penderfyna fynd o'u cyrraedd. Defnyddia ei adenydd praff a chryf i esgyn igam-ogam i fyny fry i'r awyr. Yn fuan ni fydd ond megis brycheuyn bach uwchben, a'i elynion druain yn methu'n lân â'i ddilyn. Y cwbl a wnânt yw syllu'n gilwgus arno yn yr uchelder. Ac mae yntau, yn dawel o'u cyrraedd, yn lledu'i adenydd yn braf a llonydd, gan eu chwifio'n ôl a blaen yn unig pan gyll ei uchder.

Gwn yr haedda'r boda bob blewyn o ddial yr adar druain. Ond gwelaf yma rywbeth y gallaf ddysgu oddi wrtho pan gaf fy hun yn ail-fyw rhyw ddigwyddiad neu air a roddodd loes i mi. Gallaf aros yn fy unfan yn anwesu fy hunan-dosturi a byw dan ddylanwad y dolurio. Cynydda'r dolur.

Beth wnaf yn well na dynwared y boda a chodi uwchlaw'r cyfan? Gallaf droi'r dolur yn weddi, ac yn awyrgylch gweddi codi i fyd Duw. Yno caf olwg lawnach a chliriach ar y cwbl. Does dim mor gywir â golwg oddi fyny i lawr ar bethau. Gwelwn, o bosib, fy mod yn haeddu'r cyfan o'r loes, fel y boda ei hun. A phe nas haeddwn . . . Wel, pwy wyf fi, yng ngŵydd yr Un a'm carodd ac a'm glanhaodd o'm holl feiau, i omedd fy maddeuant i'm troseddwyr innau?

Ehedeg uwchben ei drafferthion, ei ofidiau a'i boenau a wna'r salmydd yn Salm 55:6, a gweddïwn efo fo: 'O na bai i mi adenydd fel colomen! yna yr ehedwn ymaith, ac y gorffwyswn.'

11
BACHU

Fe'i gwelaf yn fy meddwl y funud yma — ei gorff byr yn ei ddwbl yn codi y naill dywarchen ar ôl y llall yn yr ardd. Byseddai'r pryfaid genwair a'u rhoi'n ofalus, y naill ar ôl y llall, yn y tun mwstard — ychwanegiadau at y clymiad sgleimllyd oedd

yno'n barod yn gweu drwy'i gilydd. Mae'n ymun-
ioni ac yn ei chyfeirio hi yn fân ac yn fuan i'r
sgubor i mofyn ei enwair bysgota, ac i ffwrdd ag ef
at yr afon.

Howel Wood ydoedd, un o'r rhai olaf o'r Sip-
siwn Romani a allai siarad yr iaith Romani.
Arhosodd yn agos i ddeugain mlynedd yn fy nghar-
tref ym Mhantyneuadd, ger y Bala. Trol a mul a
phabell yn unig oedd gan Mathew Wood ei dad.
Na, dim mor foethus â charafan. Gellid mynd â
phabell gymaint yn nes at fin yr afon! Ym-
ddangosodd Howel droeon ar raglenni teledu, a
chymerodd ran fel dawnsiwr step y glocsen yn un o
ffilmiau Emlyn Williams — *The Last Days of
Dolwyn*. Tra oedd yn y stiwdio yn Llundain un tro
gwelodd hi'n glawio, a chymaint a allent ei wneud
oedd ei gadw rhag dychwelyd adref at ei enwair, y
pysgod a'r afon.

Pysgota oedd diddordeb pennaf Howel.
Gadewch inni ei ddilyn at yr afon. Pan fydd o
fewn golwg iddi, fe aiff ar redeg. Mor bwysig yw
bod yno i ddal blaen y llif, i gynnig bwyd i'r
pysgod cyn iddynt gael eu digoni. Mor ofalus
mae'n gwisgo y pryf genwair am y bach. Nid oes
dim o'r bach yn y golwg. Teifl ef i'r dŵr. Na, nid i
ganol y cenlli, ond i lynnoedd bach llonydd. Dyna
lle ceir y pysgod ar li. Hawdd canfod pan fydd
pysgodyn wedi'i fachu. Bydd tynfa sydyn ar y
llinyn, a maint y dynfa a ddwed faint y 'sgodyn.
Gŵyr yn iawn nad oes wiw iddo geisio tynnu'r
pysgodyn allan yn sydyn; os yw o ryw faint fe dor-
rai'r llinyn a chollai'r bach a'r pysgodyn. Tyn ef yn
araf i fyny yn erbyn y lli i'w foddi. Pan lonydda'r
llinyn, gŵyr y gall lanio'r pysgodyn yn ddiogel.

Ar ddiwrnod braf a'r dŵr yn glir, âi Howel at
lan yr afon a chymryd sylw manwl o'r math o wyb-
ed a ehedai dros wyneb y dŵr. Os nad oedd gan-
ddo bluen debyg eisoes yn ei gap neu yn ei bwrs

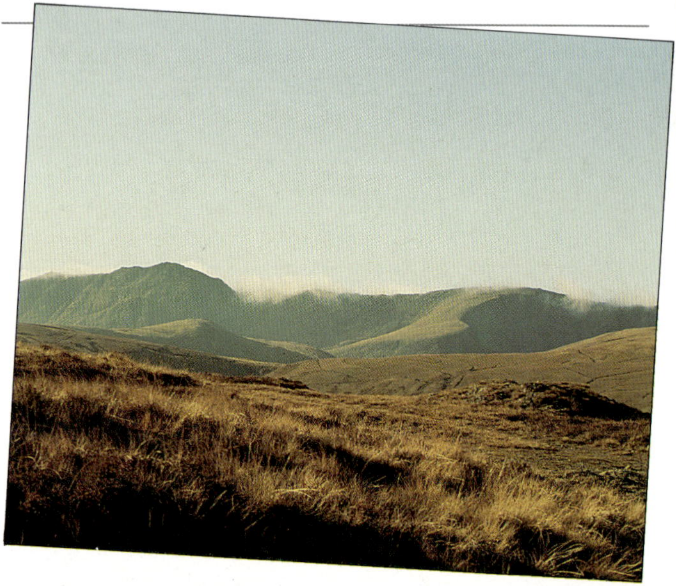

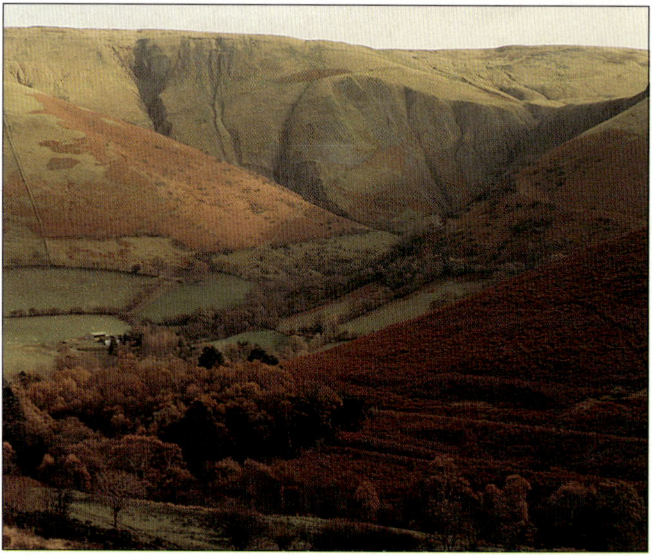

bachau, âi ati i wneud un efo peth o gynffon gwiwer a phlu ieir. Sicrhâi'r cyfan yn ddiogel am y bach ag edafedd sidan liwgar pe byddai raid.

Taflai'r bluen yn feistrolgar nes glaniai'n dawel ar wyneb y dŵr i nofio'n braf gyda help pwt o gorcyn. Swatiai yntau'n ddistaw y tu ôl i foncyff coeden neu yng nghysgod torlan. Diddorol oedd cael ei wylio, ond ar ddiwrnod braf fel hyn rhoddai Howel ar ddeall i chi toc y gallai wneud heb eich cwmni! Ofnai i'n lleisiau a'n symudiadau darfu'r pysgod a thynnu eu sylw — a'r dŵr mor glir — oddi ar yr un peth pwysig, yr abwyd.

Treuliodd teulu Howel eu bywyd yn astudio arferion pysgod. Gwyddent yn dda fel yr adweithient dan bob math o amgylchiadau. Rhoddent y cwbl a oedd ynddynt ar waith i geisio temtio a hudo'r pysgod i gymryd eu dal. Druan o'r pysgod. Tipyn o gamp oedd iddynt osgoi eu triciau i gyd.

Wrth feddwl am Howel ni allwn ond meddwl am ein temtiwr ninnau. Gŵyr yntau lawer iawn amdanom ninnau. (Ond diolch, ni ŵyr y cwbl.) Dacw fo yng Ngardd Duw. Mor gyfrwys y defnyddiodd ei abwyd gyda'r dyn cyntaf. Gŵyr ein harferion, ein cryfder a'n gwendidau, mor ddigalon y teimlwn yn aml yn nofio'n gyson yn erbyn llif yr oes. Gŵyr sut i guddio'r bach, a pha abwyd sydd at ein dant, pa wybedyn y gallwn ei lyncu yn ddiarwybod bron, a pha le a pha bryd i fwrw ei linyn bachog. Druan ohonom.

Ond mae Un na allodd ef erioed ei dwyllo na'i ddenu — Un a orchfygodd y diafol a'i holl gynllwynion.

'Mwy yw'r hwn sydd ynoch chwi na'r hwn sydd yn y byd.'
1 Ioan 4:4

'Ond pan ddêl un cryfach nag ef arno, a'i orchfygu, efe a ddwg ymaith ei holl arfogaeth ef yn yr hon yr oedd yn ymddiried, ac a ran ei anrhaith ef.'
Luc 11:22

Ein nerth a'n cadarn dŵr yw Duw,
 Ein tarian a'n harfogaeth;
O ing a thrallod o bob rhyw
 Rhydd gyflawn waredigaeth.
  Gelyn dyn a Duw,
  Llawn cynddaredd yw;
  Gallu a dichell gref
  Yw ei arfogaeth ef;
 Digymar yw'r anturiaeth.

Gwan lewyrch ddaw o allu dyn:
 Mewn siomiant blin mae'n diffodd;
Ond trosom ni mae'r addas Un,
 A Duw ei Hun a'i trefnodd.
  'Pwy?' medd calon drist:
  Neb ond Iesu Grist,
  Arglwydd lluoedd nef;
  Ac nid oes Duw ond Ef;
 Y maes erioed ni chollodd.

Pe'r byd yn ddieifl fel uffern ddofn,
 Yn gwylied i'n traflyncu,
Ni roddwn le i fraw nac ofn;
 Mae'n rhaid i ni orchfygu.
  Brenin gau y byd,
  Er mor ddewr ei fryd,
  Ni wna ddim i ni;
  Fe'i barnwyd er ei fri:
 Un gair a'i gyr i grynu.

MARTIN LUTHER
cyf. LEWIS EDWARDS

12
UN YN UNIG

Daw pob tymor â'i waith ei hun i'r amaethwr. Ar
ôl haf eithriadol sych '69, wedi gorffen â'r gwair,
dyma gyfle i godi terfynau'r mynydd. 'Does dim
mor bwysig i amaethwr â therfynau ei fferm. Bu
bod hebddynt yn achos helynt a ffrwgwd a thorri
ar gariad cymdogol llawer ardal. Gall amaethwr
adael i'w anifeiliaid bori gwellt daear ei gymydog,
ac yntau'n gwybod hynny, pryd na chymerai'r byd
am ddwyn eiddo ei gymydog mewn unrhyw ffordd
arall. Ceisia efallai ei esgusodi ei hun, a chuddio y

tu ôl i'r posibilrwydd y bydd da ei gymydog yn ei dro yn pori ei dir yntau.

Manteisiodd llawer ar yr haf sych i fynd â'r tractor a llwythi o bolion a gwifrau i'r mynydd. Anodd yw cael y mynydd yn ddigon sych i hynny. Yn wir, hyd yn oed eleni, gorfu i'r dynion yma chwilio'n ddyfal am le digon sych lle gellid mynd â'r llwyth i ben ei daith yn ddiogel. Mewn man arbennig o wlyb, un lle yn unig oedd ag unrhyw sylfaen i lwybr drwyddo. Roedd caledwch yno, ond golygai fynd dipyn o'r ffordd i gael gafael ar yr union lwybr hwnnw bob tro. Llawer gwaith y ceisiodd y bechgyn a yrrai'r tractor ei chynnig hi mewn lle arall. Ceisio ffordd ferrach, ond er ceisio a cheisio, corsio fu'r hanes. Rhaid oedd dod yn ôl i'r un ffordd bob tro, man â'r caledwch yn sylfaen i'r llwybr.

Mor debyg y gallwn fod mewn bywyd wrth geisio cael gafael ar ffordd y gwirionedd a'r bywyd. Chwilfrydedd apêl y 'short-cut' yn ein gyrru i chwilio a chwilio yn ein ffordd ein hunain, a dod i 'dead-end' a chorsio am nad oedd sylfaen iddi. Dim ond un ffordd sydd, a honno'n barod ar ein cyfer, yn disgwyl i ni ei defnyddio.

'Myfi yw'r ffordd, a'r gwirionedd, a'r bywyd: nid yw neb yn dyfod at y Tad, ond trwof fi.'
Ioan 14:6

'Yn wir, yn wir, meddaf i chwi, Yr hwn nid yw yn myned i mewn drwy'r drws i gorlan y defaid, eithr sydd yn dringo ffordd arall, lleidr ac ysbeiliwr yw.'
Ioan 10:1

Mor ddiddorol yw ateb Cristion yn *Taith y Pererin* pan ofynnwyd iddo beth a wnâi yng Nghors Anobaith:

Cristion: Syr, gŵr a elwir Efengylwr a arch-
odd i mi fyned y ffordd yma, gan fy nghyf-
arwyddo i'r porth acw, fel y gallwn ffoi
rhag y llid a fydd; ac fel yr oeddwn yn myned
yno, mi a syrthiais i mewn yma.
Cymorth: Ond paham nad edrychaist am y
cerrig camu?
Cristion: Ofn a'm dilynodd mor agos, nes
peri i mi gymeryd y ffordd nesaf, ac felly
syrthiais i mewn.

Pan holodd Cristion pam yr oedd Cors
Anobaith ar ffordd pererinion, yr ateb a gafodd
oedd mai argyhoeddiad o bechod yw'r gors. Ni
chawn dir cadarn dan ein traed hyd nes y bydd ein
traed wedi'u gosod ar Graig yr Oesoedd, sef Crist.

'Cyfododd fi hefyd o'r pydew erchyll, allan
o'r pridd tomlyd; ac a osododd fy nhraed ar
graig, gan hwylio fy ngherddediad.'
    Salm 40:2

'Pan lesmeirio fy nghalon: arwain fi i graig a
fyddo uwch na mi.'
    Salm 61:2

Ffordd a drefnwyd cyn bod amser
    I gael dihangfa o ddrygau'r ddraig;
Mewn addewid gynt yn Eden,
    Fe gyhoeddwyd Had y wraig;
Ffordd i gyfiawnhau'r annuwiol,
    Ffordd i godi'r meirw'n fyw;
Ffordd gyfreithlon i droseddwyr
    I hedd a ffafor gyda Duw.
                        ANN GRIFFITHS

13
ADEILADU

'Sut mae'r tŷ newydd yn mynd i fyny?' oedd y
gofyniad cyson a gaem yn Ffair Flodau Dolgellau,
pan oeddem yn dechrau adeiladu'r tŷ fferm
newydd yma. Rhaid oedd ateb mai mynd i lawr yr
oedd. Ie, mynd i lawr yn ddiderfyn fu ei hanes am
gyfnod. Amser digon anniddorol a diamynedd i mi
ydoedd. Mynd i lawr i gael sylfaen, a'r fath
adeiladu a fu wedyn cyn dod i fyny yn wastad â'r
llawr! Eglurai'r gweithwyr y pwysigrwydd o gael
sylfaen iawn — y dibynnai'r holl adeilad arno.
Waeth pa mor dda fuasai gweddill yr adeilad, heb
sylfaen gywir byddai'r cwbl yn ofer.

Wedi cwblhau'r sylfaen, pleser digymysg o
ddydd i ddydd oedd gwylio'r tŷ yn tyfu. Sylwn un-
waith ar un o'r gweithwyr wrthi'n torri ffos dŵr-
glaw o gylch y tŷ. Sythodd ei gefn ac ailosod ei gap
am ei ben ddwywaith. Hawdd gweld na wyddai
beth i'w wneud nesaf. Yna rhoes ei ben drwy
ffenestr ddiwydr y tŷ. 'Hei! Tyrd â'r llyfr mawr
yna i mi,' meddai wrth un o'i gyd-weithwyr. Llyfr
rheolau adeiladu'r tŷ ydoedd hwn — y 'specifica-
tions'. Ynddo ceid pob cyfarwyddyd, gyda'r
manylder mwyaf, sut y disgwylid iddynt godi'r tŷ.
Deuai'r plymwr, y peintiwr, y plastrwr, a'r seiri
maen a choed yn gyson i chwilio cynnwys y llyfr i
weld ble roeddynt arni.

Y pensaer oedd awdur llyfr rheolau'r adeiladu.
Ef a weithredai fel dyn yn y canol rhyngom ni a'r
adeiladydd. Gwarchodai ein hawliau, a dadleuai ein
hachos pe byddai angen. Deuai i'r golwg pan
gyrhaeddai'r adeilad ryw bwynt arbennig. Er
enghraifft, pan goediwyd y to cyn ei doi, archwiliai
waith y plymwr cyn y gorchuddid ef.

Pan na ddeallai'r gweithwyr gyfarwyddiadau'r
cynllun, aed i gysylltiad brys â'r awdur. Weithiau,
er na ddeallai'r gweithwyr ar y pryd bwrpas llawn
llawer peth a gynlluniwyd, rhaid oedd iddynt
adeiladu ymlaen o ddydd i ddydd gan ymddiried yn
yr awdur ac yng nghywirdeb ei gynllun. O dipyn i
beth fe'i gwelid yn datblygu nes ffurfio'n batrwm
cyfan. Deuai diben a phwrpas y cwbl yn araf i'r
golwg.

Pan orffennwyd y tŷ, a chyn ei gyflwyno i ni'r
perchnogion, am y tro olaf daeth yr adeiladydd
a'r pensaer i'w olwg gyda'i gilydd. Pe na byddai'r
gwaith i fyny â gofynion y cytundeb, gallasem
wrthod talu'n llawn. Er i'r sylfaen fod yn iawn,
rhaid oedd adeiladu ar y sylfaen ddydd ar ôl dydd
yn gywir a chyson yn ôl y cyfarwyddiadau. Y fath
ffolineb pe gweithredai'r adeiladydd a'i weithwyr

yn ôl eu mympwy eu hunain! Ond adeiladent gan wybod y buasai raid iddynt roi cyfrif ryw ddydd am y cyfan. Ar ddydd y cyfrif, mor falch oedd yr adeiladydd nad ofnai lygad chwilgar y pensaer.

'Ond edryched pob un pa wedd y mae yn goruwch adeiladu. Canys sylfaen arall nis gall neb ei osod, heblaw'r un a osodwyd, yr hwn yw Iesu Grist.'
1 Corinthiaid 3:10-11

'Swm y cwbl a glybuwyd yw, Ofna Dduw, a chadw ei orchmynion: canys hyn yw holl ddyled dyn. Canys Duw a ddwg bob gweithred i farn, a phob peth dirgel, pa un bynnag fyddo ai da ai drwg.'
Pregethwr 12:13-14

14
YWENITHEN

Yn eitha dirybudd, daw pen un o'r dynion yma
heibio i ddrws y gegin. Eisiau fy ngweld, wrth
gwrs! Na, 'choelia i fawr! Eisiau cipolwg ar y
bwrdd sydd, i weld a edrychai'n obeithiol am bryd

o fwyd gweddol sydyn cyn dechrau rhyw waith arall, mae'n siŵr. Peth pwysig yw gosod y bwrdd yn barod, petai'r tatws ond newydd godi i ferwi! Effeithia hyn yn rhyfedd ar obaith y bechgyn. Gwna'r disgwyl yn gymaint haws.

Darparu bwyd sy'n mynd â'r rhan fwyaf o amser y sawl sy'n cadw tŷ. Er mai ffermdy yw hwn, 'does fawr o wahaniaeth bellach rhyngddo a chadw unrhyw gartref. Bu pesgi, lladd moch a'u halltu, a chorddi yn rhan fawr o waith gwraig fferm unwaith. Peidiodd y pethau hyn bron yn llwyr erbyn hyn. Rwy'n cofio fel yr arferid codi gwenith a'i gael o'r felin yn flawd i'w bobi gartref. Dipyn yn dywyll a thrwm ydoedd, ond O! y blas. Digonid dyn yn llwyr â dim ond ychydig dafelli ohono. 'Doedd dim rhaid ychwanegu wedyn ryw fân deisennau moethus i'w blesio.

Erbyn hyn, er mwyn cadw'r dorth yn wyn, tynnir allan y rhan honno o'r wenithen sy'n tywyllu'r blawd — y rhan fwyaf gwerthfawr mewn gwirionedd o'r wenithen i gyd — y bywyn, y 'wheat germ'. Hwnnw sy'n ein hadnewyddu a'n hatgyfnerthu. Ond aberthir y peth byw hwn er mwyn plesio llygad a dant yr oes. Ychwanegir yn ei le ryw gemegyn i'w wynnu a'i gadw rhag caledu. A chawn ein hunain yn rhyfeddu at ein diffyg egni. Prysurwn i brynu tabledi i gyflenwi'r diffyg.

Mor aml yng nghyflwyniad yr efengyl i ni heddiw, gadewir allan yr union beth — fel gyda'r wenithen — a rydd fywyd, y peth byw yna. Rhoir yn ei le ryw gemegyn diweddar o syniadau dyn, athrawiaeth ddynol sy'n newid o oes i oes. Y mae calon yr efengyl, 'yr ymadrodd am y groes', yn dramgwydd i gyd. Nid oeddid yn leicio'i liw yn y ganrif gyntaf, ac yn sicr nid yw'n atyniadol heddiw. Wedyn, ar ôl colli'r bywyd o Air y Bywyd, eir i chwilio am 'iachawdwriaeth' arall at y seiciatryddion a'u pelenni egni a'u tawelyddion.

'Hwn yw'r bara sydd yn dyfod i waered o'r
nef, fel y bwytao dyn ohono, ac na byddo
marw.'
Ioan 6:50

'Myfi yw bara'r bywyd. Yr hwn sydd yn
dyfod ataf fi, ni newyna; a'r hwn sydd yn
credu ynof fi, ni sycheda un amser.'
Ioan 6:35

15
YR YSBRYD
A'R GAIR

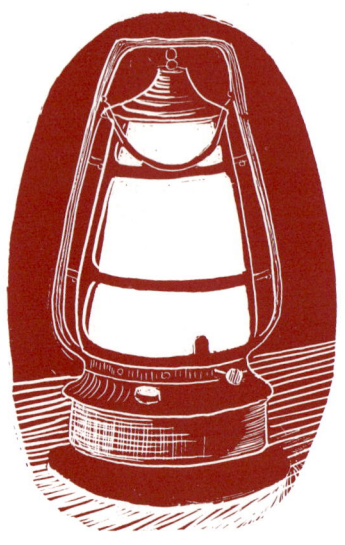

'Ddo' i ddim dros Fwlch y Groes heno.' Dyna fel
y protestiwn yn galed un noswaith. 'Os ydi hi'n
niwl fel hyn yn y Bala yma, beth ydi hi debyg ar y
Bwlch?' Ond fe'm hatgofiwyd fod pyst â 'reflec-
tors' arnynt newydd eu gosod hyd ymyl y ffordd lle
nad oedd ond dyfnder islaw. Wel, 'doedd dim ond
ei mentro hi. Roedd y niwl a'r tywyllwch fel pe
baent wedi cyd-weld â'i gilydd i wneud y nos yn
ddudew o ddi-weld. Ni threiddiai goleuni'r car fawr
drwy'r niwl. Diolch am allu gostwng ei oleuni reit

dan ei draed, gan obeithio na chwrddem â neb.

Yn araf nesaem at y fan a ofnwn, ond O! dyna ollyngdod oedd gweld mor dda yr ymatebai'r 'reflectors' i oleuni'r car, hyd yn oed yn y niwl. Goleuent yn llachar i'n rhybuddio. Ni allent ein rhwystro rhag mynd drosodd, wrth gwrs, dim ond dangos y perygl.

Ond rhybuddion hollol ddiwerth ydynt heb i oleuni daflu arnynt. Mor wir yw hyn am ein mynegbyst diweddaraf. Goleuir eu hwynebau yn ddisglair gan oleuadau'r moduron. Ond gall rhywun heb oleuni ganddo gerdded heibio iddynt heb eu gweld, ac yntau angen eu rhybuddion a'u cyfarwyddyd. Adlewyrchu goleuni yn unig a wnânt, bob tro. Mae'r ddau yr un mor angenrheidiol i'w gilydd. Dibynna'r naill yn hollol ar y llall.

Dywed y salmydd am Air Duw ei fod yn llusern i'n traed, ac yn llewyrch i'n llwybr. 'Ond 'dydw i'n deall fawr arno, mae'n dywyllwch i mi.' Dyna a glywir amlaf heddiw. Ai, tybed, am yr un rheswm â'r dyn a gerddai'r ffordd yn y tywyllwch? 'Os bydd y goleuni sydd ynot yn dywyllwch, pa faint fydd y tywyllwch!' (Mathew 6:23).

Daw Gair Duw yn llewyrch ac yn llusern i'n llwybr mewn gwirionedd wrth i'r Ysbryd Glân ein cynorthwyo i adnabod y rhybuddion a'r modd i deithio ffordd bywyd wrth fodd calon Duw. Duw a anadlodd ei Air i fod, a'i Ysbryd a'i goleua i ni. Mae'r ddau yr un mor angenrheidiol i'w gilydd am y dibynnant yn hollol ar ei gilydd i gynhyrchu gwir oleuni — goleuni a dremia hyd yn oed drwy niwloedd tywyllaf bywyd.

Dyna bwysig yw gallu deall yr arwyddion a'r ffigurau yr adweinir ein ffyrdd ni wrthynt. Cawn felly wybod i ble yr â'r ffordd honno, a beth i'w ddisgwyl ar hyd-ddi. Hawdd ymgolli ym mhleser y funud o weld golygfa efallai. Neu i lygad amaethwr aros yn rhy hir ar anifail o fewn cyrraedd, a cholli golwg ar rybuddion y ffordd. Gall ddod â chanlyniadau chwerw iawn.

Profiad diflas yw gyrru o gwmpas trogylch mewn dryswch pa ffordd i'w chymryd. Cynigia'r gwahanol ffyrdd eu hunain inni fel coesau pryf copyn, a ninnau, heb sylwi digon ar y mynegbost diwethaf, yn amheus ac ansicr o'n ffordd. 'Does dim amser i gysidro, rhag bod yn rhwystr i'n cyd-deithwyr. Yn ffyddiog dewiswn y drofa fwyaf tebygol. Dechreuwn ei theithio yn ddigon annifyr — rhyw eistedd ar ymyl y sedd yn llawn amheuon. Tybed ai hon oedd yr un gywir? A sut fyth y gallem droi'n ôl? A! Dacw fynegbost o fewn golwg. Dyna ollyngdod. Roedd rhif y ffordd a geisiem arno. Diolch byth am allu ei adnabod.

Mor werthfawr yw sêl ar ein dewisiad o'n ffordd — rhyw gadarnhad a rydd sicrwydd a sioncrwydd newydd inni. Ychwanega gymaint at hyfrydwch y daith. Gallwn ymlacio bellach, a daw llawenydd newydd i'n teithio. Dyma adwaith Mair, chwaer Martha, yn sicr pan ddywedodd yr Arglwydd Iesu amdani, 'Mair a ddewisodd y rhan dda, yr hon ni ddygir oddi arni' (Luc 10:42). Y fath hwb ydoedd i'w thyfiant ysbrydol, fel cawod o law cynnes ar egin egwan lawer tro.

Un o fendithion penna'r nef i Griston yw'r adegau hynny pan rydd yr Ysbryd Glân sicrwydd i'w galon, yn unol â gwirionedd y Gair, ei fod yn un o blant yr Arglwydd. Ie, yn un o etifeddion nef a holl olud y nef yn eiddo iddo. Diolch iddo.

> 'Yn yr hwn y gobeithiasoch chwithau hefyd
> . . . yn yr hwn hefyd, wedi i chwi gredu, y'ch
> seliwyd trwy Lân Ysbryd yr addewid; yr hwn
> yw ernes ein hetifeddiaeth ni, hyd bryniad y
> pwrcas, i fawl ei ogoniant ef.'
> Effesiaid 1:13-14

O! Dduw, rho im dy Ysbryd,
  Dy Ysbryd ddaw â gwres,
Dy Ysbryd ddaw â'm henaid
  I'r nefoedd wen yn nes;
Dy Ysbryd sy'n goleuo,
  Dy Ysbryd sy'n bywhau,
Dy Ysbryd sydd yn puro,
  Sancteiddio a dyfrhau.

DAFYDD WILLIAM

16
NODI O'R
NEWYDD

'Llond treilar o redyn eto, Dafydd, a byddwn yn
barod wedyn,' meddai John, gan ailosod ei gap ar
ei wegil. Dyna fel y gwisgai ei gap pob-dydd bob
amser. Edrycha am y ganfed waith i'r awyr. Mae
mor bwysig ei chael hi'n braf heddiw.

'Dos oddi yma, Dyfi,' medd ef wrth yr ast a ddawnsia o'i amgylch fel plentyn ar gychwyn ar drip. Mae gweddill y cŵn yn gwau drwy'i gilydd fel petai'r awyr neu'r ddaear dan eu traed wedi'i thrydaneiddio.

Gosodir y meinciau yn ddwy res gyferbyn â'i gilydd. Wedi taflu trem ar ddiogelwch y gorlan, mae John yn ei chyfeirio hi tua'r mynydd a'r cymdogion yn dilyn, gyda'r criw cŵn fel petaent yn protestio'n barod at fychander y mynydd, yn methu'n lân â chael digon o le i chwarae a chewcian â'i gilydd.

Diwrnod cneifio yw hwn wrth gwrs. O holl ddyddiau'r flwyddyn, dyma'r pwysicaf i ffarmwr defaid. Bydd pob bugail yn gwybod ei libart arferol i hel. Chwibanant ar y cŵn i ddechrau casglu'r defaid. Rhwng y gweiddi a'r brefu, cyn hir mae'r ddiadell yn dechrau crynhoi at ei gilydd. Dechreuant symud o reddf neu reidrwydd i'r cyfeiriad a ddisgwylir ganddynt.

Erbyn cyrraedd y gorlan bydd rhagor o'r cymdogion wedi cyrraedd. Wedi rhoi crap o lifo ar y gwelleifiau, dewisa pob un leoliad ei fainc i eistedd, a gosodir dafad o'i flaen. Dechreuir cneifio rhwng y coesau (y 'tor') ac yna gweiddi 'Llinyn!' Gwaith y plant yn arferol fydd gofalu bod llinyn i bob un pan eilw, i glymu pedair coes y ddafad. Yna mae'r cneifio yn dechrau o ddifrif wrth y gwddf yn arfodau braf, gwastad. Torrir y gwlân yn rhydd rhwng tyfiant y ddau dymor, gan ofalu gadael digon ar ôl o'r tyfiant ifanc yn gysgod rhag tywydd garw'r dyfodol. Wedi darfod, rhoir y ddafad ar lawr mewn gwely o redyn.

Daw rhywun heibio wedyn a rhoi nod y perchennog ar gôt wen, newydd y ddafad. Pwysig iawn yw rhoi'r nod yn iawn o'r dechrau; ei roi'n glir fel na fydd dim amheuaeth gan neb i bwy y perthyn y ddafad; ei roi fel y gellir ei ganfod o bell heb graffu. 'Does byth ddaioni o geisio ail nodi nod gwlân, na'r nod clust yr adweinir pob diadell o ddefaid wrtho. Gall bugail o'r herwydd fethu hawlio ei ddafad a aeth ar grwydr.

Cyn hir datodir y cwlwm am goesau'r ddafad iddi gael ei rhyddid. Cymer amser i ambell ddafad sylweddoli ei bod yn rhydd. Wedi bod yn gaeth am ormod o amser, mae'n debyg, mae'n methu neidio i'r rhyddid sydd bellach yn eiddo iddi.

Segur yw'r gwelleifiau y blynyddoedd diwethaf yma, ond yr un yw egwyddor y cneifio gyda'r peiriant a ddefnyddir yn awr, er y dywed rhai a ymhyfryda yn y grefft o gneifio mai mater o rydd-hau'r gwlân yn unig yw hi yn awr. Bu rhagfarn fod torri'r gwlân mor isel yn ormod i'r ddafad. Ond balch iawn yw'r ddafad o gael ffarwelio â'i hen gôt a dianc yn rhydd ac ysgafn unwaith eto i'r mynydd. Mae wedi colli'r hen bwysau ac yn ei mantell lân, heb ddim ond nod y meistr arni.

Dafydd Dafis o Gywarch, Dinas Mawddwy, a ddywedai yn ystod Diwygiad 1859, wrth gynghori'r dychweledigion, 'Mynnwch grefydd dda yn y dechrau, onid e fydd fawr o lun arnoch. Mae'r crefydda yma fel nodi defaid; os na roir y marc yn iawn y cynnig cynta, fydd fawr o lun arno ar yr ail a'r trydydd cynnig.'

'Na ddywedwch gelwydd wrth eich gilydd, gan ddarfod i chwi ddiosg yr hen ddyn ynghyd â'i weithredoedd; a gwisgo'r newydd, yr hwn a adnewyddir mewn gwybodaeth, yn ôl delw yr hwn a'i creodd ef.'
Colosiaid 3:9-10

'Os y Mab gan hynny a'ch rhyddha chwi, rhyddion fyddwch yn wir.'
Ioan 8:36

'Yr hwn sydd yn gorchfygu, mi a'i gwnaf ef yn golofn yn nheml fy Nuw i, ac allan nid â efe mwyach: ac mi a ysgrifennaf arno ef enw fy Nuw i, ac enw dinas fy Nuw i, yr hon ydyw Jerwsalem newydd, yr hon sydd yn disgyn o'r nef oddi wrth fy Nuw i: ac mi a ysgrifennaf arno ef fy enw newydd i.'

Datguddiad 3:12

17
DISGWYL Y MEDDYG

Syrjeri leol ydoedd, ym mharlwr Jane Jones.
Eisteddai nifer fach ar hanner cylch yn disgwyl y
meddyg. Dyma gil y drws yn agor eto, a phen a
llygaid pawb yn troi i'w gyfeiriad. Gwthiai hen
gymeriad y drws yn agored â'i ffon, a dyfod i'r
golwg yn araf drwyddo. Wrth yr enw 'Edward
Jones' y gelwid arno i gymryd rhan yn y capel, ond

fel Ned y Glo yr adweinid ef gan bawb. Rhoddodd wên hapus ar y gynulleidfa fach, a gwnaed lle iddo eistedd. Ni chaniatâi ei glyw iddo glywed y cyfarchion a roed iddo. 'Thrafferthodd neb i siarad ag ef ar ôl hynny — dim ond â'i gilydd. Ac oherwydd na ddeallai Ned y Glo mohonynt aethant ymlaen â'r ymddiddan.

Meddai gwraig o'r gongl, gan geisio peidio ag edrych i'w gyfeiriad, 'Yntydi'r hen Ned wedi torri, dudwch?' gan ei hailosod ei hun yn daclus ar ei chadair fel un a oedd wedi rhoi lleferydd i wirionedd mawr digamsyniol. Daeth yr ateb o ochr arall yr ystafell mewn llais rhyfeddol fain a llawn tosturi. 'Yr hen greadur, mae'n biti drosto,' ac yna ychwanegu, 'mae o wedi darfod yn arw'n ddiweddar 'ma.' Yr oedd gŵr gwelw ei wyneb, a eisteddai gyferbyn, mewn llwyr gydolygiad â'r hyn a ddywedid, a chyfrannodd i'r drafodaeth, rhwng ei ddannedd, yr ebychiad, 'Ia, druan ohono.' 'Mae o'n *seventy-nine* y tro nesaf,' meddai gwraig arall, yn falch ei bod yn medru rhoi hwb pellach i'r sgwrs.

Yn anesmwyth iawn y gwrandawai un arall a oedd yno ar yr ymddiddan, un a wyddai gyfrinach fawr bywyd Ned y Glo. Ned y Glo yn destun tosturi! Yn betrusgar cododd a mynd ato. Beth yw hyn mae'n ei ddweud yn ddigon uchel i Ned fedru ei ddeall ac mewn iaith mor ddieithr i'r cwmni? 'Mae'n dda bod gynnoch chi obaith am y byd nesaf, yntydi?' Gloywodd llygaid Ned. Daeth fflach i'w drem, ffiach o'r goleuni hwnnw a fu'n llosgi'n rhywle ynddynt er dyddiau'r diwygiad. 'Ydi, 'machgen i,' meddai mewn llais crynedig, ac eto gyda rhyw dinc diamheuol o sicrwydd. 'Druan o bawb sy' heb y sicrwydd yma.'

Yr oedd y wraig yn y gongl yn ei hailosod ei hun yn daclus yn ei chadair unwaith eto. Yr oedd dynes y llais main yn edrych fel un a oedd ei hun ar ddarfod amdani. Yr oedd y dyn a ebychodd rhwng ei ddannedd yn awr yn eu cau yn dynn, a'r wraig a wyddai oed Ned heb yr awydd lleiaf i ddatblygu'r sgwrs ymhellach, ac yn edrych fel un yn ofni bod rhywun am ofyn iddi am ei hadnod. Ond aeth Ned y Glo ymlaen yn hamddenol i ddweud am yr hyn a gafodd pan wawriodd arno bod Duw cystal â'i Air. Aeth ymlaen yn ei afiaith, tra eisteddai yno yn disgwyl y meddyg — yn disgwyl y Meddyg.

18
EI GWELD HI

'Hen foi go iawn ydi'r gweinidog newydd acw,' meddai Wil, gan roi ei raw ar dalcen y glo. Rhodd-odd ysgytwad a thynfa i'w drowsus i'w le am ei ganol. I lawr yn y pwll glo yr oedd, yn cydlenwi wagenni efo Bob ei gyfaill.

'Wel, ie,' meddai Bob, 'ond mae o'n rhy hen ffasiwn ei ddaliadau gan rai ohonoch, mi glywais.'

'Wel, ydi,' oedd ateb gofalus Wil, gan grafu ei dalcen ac ailosod ei helmet am ei ben. 'Ac eto, mae o'n pregethu'r hen bethau yma mewn ffordd newydd iawn i mi. Dweud mae o, er inni fyw bywyd gonest ar ein gorau, na fedrwn ni byth ddisgwyl nefoedd am hynny.'

'Rwy'n siŵr fod hynny yn y Beibl yn rhywle,' ebe Bob.

'Falla wir, ond mae'n fy ngadael i mewn cryn dipyn o benbleth, wy'st ti. Dyn *crefyddol*, medd Mr Jones, yw'r dyn sy'n ceisio gwneud rhywbeth dros Iesu Grist. Ond y *Cristion* yw'r sawl sy'n gwybod fod Iesu Grist wedi gwneud rhywbeth trosto fo. Ffrwyth y wybodaeth yna yw'n bywyd a'n gwaith ni i fod.'

Erbyn hyn gwaeddai Wil i'w wneud ei hun yn glywadwy uwch sŵn y peiriant cywasgu awyr a ddefnyddid gerllaw. 'Gwell iti roi'r gorau iddi yn y fan yna,' meddai Bob, 'neu bydd y criw yma'n meddwl ein bod ni wedi cael diwygiad.'

Cyn hir torrodd sain y corn gwaith ar eu clyw, yn eu hysbysu fod diwrnod arall o waith drosodd. Yn fuan, cyd-deithient â rhai ac arnynt gymaint o lwch glo â hwythau. Ymlaen yr aent ar y tryciau agored tuag at waelod y pwll. Ar un naid dug y caets hwy i'r wyneb eto.

Tra oeddynt yn 'molchi, a chan iddo alw eiliad yn y cantîn, collodd Wil ei gymdeithion. Ar ei ben ei hun prysurai tuag adref pan ddaeth Mr Jones y gweinidog i'w gyfarfod. Heb fawr o gyflwyniad dyma Wil yn bachu'r cyfle. 'Mr Jones,' meddai'n swta, 'alla' i ddim meddwl nad yw dyn da ar ei orau yn haeddu nefoedd. Dyna chi fi heddiw, wedi gwneud diwrnod o waith gonest a helpu gymaint allwn i ar bawb, beth mwy allwn i wneud?'

'Gyfaill,' atebai Mr Jones yn feddylgar, 'ar y ffordd o'r pwll yr ydech chi. Sut y daethoch chi i'r wyneb?'

'O! 'run fath ag arfer, yn y tryciau i waelod y pwll, ac yna yn y caets i'r wyneb,' ebe Wil.

'Oeddech chi'n talu?' holai Mr Jones.

'Talu?' meddai Wil, yn synnu at y fath gwestiwn. 'Na, rydan ni'n cael ein cario am ddim. Cofiwch chi,' ychwanegai, gan led wenu, 'mae o *wedi* costio'n ddrud i'r cwmni rywbryd.'

'Fydd gynnoch chi ddim ofn ymddiried eich bywyd mewn rhywbeth na welsoch mohono'n cael ei wneud ac na thal'soch ddim amdano?' gofynnodd Mr Jones.

'Ofn! Does dim eisio meddwl am ofn,' atebai Wil, 'dim ond ei mentro hi i'r wyneb.'

Edrychodd y ddau am ysbaid fer ar ei gilydd heb yngan gair. Yna sibrydodd Wil fel pe wrtho'i hunan, 'yn rhad . . . mae o wedi costio i . . . Rywun arall . . . ei mentro hi.'

Taenodd gwên ddeallus dros wyneb Wil. 'Rwy'n ei gweld hi rŵan,' meddai, wrth droi'n araf ystyriol i gyfeiriad llidiart ei dŷ.

'Canys trwy ras yr ydych yn gadwedig, trwy ffydd; a hynny nid ohonoch eich hunain: rhodd Duw ydyw.'
Effesiaid 2:8

19
YR
ETIFEDDIAETH

Pan glywodd Mrs Thomas sŵn troed ar y grisiau
cododd yn sydyn ar ei phenelin i gael cip ar y cloc.
'Hanner awr wedi chwech ydi hi,' meddai wrthi'i
hun; 'fuasai waeth i Wil y bachgen yma aros yn ei
wely am ryw awr eto i orffwyso yn lle codi fel hyn
bob bore i ddarllen a synfyfyrio. Mae'n tebygu i
'nhad bob gafael, a 'chydig iawn oedd gan yr hen

greadur duwiol hwnnw i adael ar ei ôl. Synnwn i
ddim nad felly bydd Wil hefyd, os deil o 'mlaen i
gymryd ei grefydd gymaint o ddifri.'

Felly y meddyliai Mrs Thomas wrth orwedd
yn ôl yn ei gwely i geisio ailafael mewn cwsg. Ni
chysgodd yn rhyw sydyn iawn y noson cynt
chwaith — mynnai ei meddwl wibio o'r naill
ddigwyddiad i'r llall yn y ffair y diwrnod hwnnw.
Gwibiai'n debyg y bore yma eto. 'Be ddaeth dros
fy mhen i roi punt i'r dyn hwnnw ar y stryd? Ond
o ran hynny, roedd o'n addo mor dda na chaem
ein siomi yng nghynnwys y pecyn hwnnw.
"Guaranteed to satisfy you," meddai. 'Choelia i
fawr. Fodlonodd o mohono' i beth bynnag, os
credodd rhai iddynt gael mwy na gwerth eu
harian!

'Ac er mai fi fyddai'r ola' i gyfaddef, 'tydi'r
pregethu hwnnw ar y stryd ddim yn hawdd i'w
anghofio chwaith, a finnau fawr o awydd aros i
wrando arnyn nhw. Mae rhywun yn cael digon o
wrando pregethau bob Sul drwy'r flwyddyn heb
orfod gwneud hynny ar ddiwrnod ffair hefyd! Ond
pan welais i Wil yno hefo nhw, allwn i yn fy myw
fynd heibio rywsut. A minnau wedi crefu arno i
beidio â mynd yno, wrth fod pawb yn ei 'nabod o
yn y dre — ac yn siŵr o'i gymryd yn ysgafn. Un
penderfynol ydi o, os bydd wedi meddwl am
rywbeth. Do wir, fe ddwedais ar y pryd y buasai'n
well gen i ei weld o'n mynd efo rhai 'run oed â fo
i'r dafarn, na'i weld o mor wahanol iddyn nhw i
gyd.

'Mae geiriau'r pregethwr ifanc 'na yn mynnu
aros hefo mi er fy ngwaethaf, er na fedra' i wneud
na phen na chynffon ohonyn nhw. "Pethau i'w
prynu heb ein bodloni sydd yn y ffair yma," medd-
ai, "pethau sy'n mynd i ddarfod," gan gyfeirio â'i
fraich i fyny'r Stryd Fawr at y stondinau prysur.
"Ond fe wn i am Un sy'n cynnig i bob un ohonom

y rhodd werthfawrocaf un — maddeuant Duw yn rhad, dim ond i ni fod yn ddigon gostyngedig i'w dderbyn a diolch amdano." Maddeuant! Am beth, ys gwn i? Pe bai o'n pregethu i griw mewn carchar, alla' fo ddim bod ddim taerach. A minnau wedi byw bywyd llawer iawn gwell, a glanach, na rhai o'm cwmpas i. Fûm i erioed yn fyr o wneud cymwynas, wnes i 'rioed wadu dim o'r Beibl.

'Ond beth mewn difri oedd o'n ei feddwl wrth ddweud mor bendant na allem byth haeddu ein hiachawdwriaeth drwy weithredoedd da? O ran hynny, dyna fydd Wil yn ei ddweud rŵan ac yn y man. "Waeth i chi heb â mynd i'r capel, mam, os nad ydi'ch calon chi'n iawn efo Duw." A'r pregethwr yna'n dweud 'run fath â Wil! Ac yn erfyn arnom i ddiolch, os na wnaethom eisoes, i Iesu Grist am farw drosom fel pechaduriaid.'

Dychwelodd yr anniddigrwydd a'i cadwodd yn effro y noson cynt. Mynnai geiriau bachog y pregethwr ei hanesmwytho. Prysurodd i godi, 'yn lle pensynnu fel hyn', chwedl hithau, ac ymhen rhyw ddeng munud fe'i gwelid yn y gegin yn paratoi brecwast yn ddiwyd a destlus fel arfer. Ond parhâi'r anesmwythyd. 'Wel, wir, 'does dim anghofio i fod ar eiriau'r dyn yna mae'n debyg,' meddyliai wrth dorri bara menyn.

Aeth brecwast heibio, ac yna'r ddyletswydd deuluol, a Wil yn cymryd rhan yn dawel ac ystyriol. Wrth iddo gadw Beibl mawr y teulu ar y dresal, gofynnodd ei fam iddo'n sydyn: 'Dywed wrtha' i, 'machgen i, sut daeth y pethau ysbrydol yma i olygu cymaint i ti? Rwyt ti wedi treio dweud wrtha' i o'r blaen, chwarae teg i ti.'

Un digon swil oedd yr hogyn ar ei orau, ac ymswiliai'n fwy wrth ddechrau adrodd hanes ei dröedigaeth wrth ei fam o bawb. Soniodd am gyfnod o chwilio, chwilio am rywbeth i dorri ar ddiflastod bywyd. Pan âi popeth yn iawn, byddai yntau'n iawn, ond pan na fyddent, wel!

'Ydech chi'n gwybod, mam? Yr hyn oedd o'i le oedd nad oedd gennyf bwrpas gwirioneddol i'm bywyd, ac er i chi ac eraill ddod â llawer o gysur a llawenydd i mi, 'lwyddais i ddim i deimlo'n dawel neu'n fodlon, ddim ond dros dro fel petai. Gwydd-och eich hun fel y byddwn i wrthi o fore gwyn tan nos yn ceisio gwella dipyn ar y ffarm 'ma, neu'n cystadlu mewn gwahanol eisteddfodau, a barddoni dipyn orau gallwn. Rhyw chwarae â geiriau, disgrifio anawsterau bywyd a'i broblemau, dyna i gyd, heb ddim pwt o atebiad iddyn nhw.

'A wyddoch chi be, mam, fe fyddwn i'n dotio pan glywn hanes fy nhaid a'r ffydd oedd ganddo yn yr Arglwydd Iesu Grist, a hynny'n cyfrif fwy na dim arall ar wyneb y ddaear iddo. Dychmygwn am-dano'n meddwl am yr Arglwydd Iesu wrth docio'r gwrychoedd neu'n lladd gwair, neu'n mynd â'r ferlen i'r pentref i'w phedoli. Finnau'n gweithio rhywbeth yn debyg fel yr oedd yntau'n arfer gweithio ar yr un ffarm, ond, bobol bach, yn wahanol iawn iddo fo, yn anniddig ac anhapus.

''Wyddwn i ddim beth yn union oedd o'i le arna' i hyd nes daeth y bachgen hwnnw o Lan—— yma am Sul. Ceisiais ddweud y cyfan wrtho, a dywedodd wrthyf mai digon tebyg i minnau y teimlai yntau cyn iddo dderbyn maddeuant Duw yn Iesu Grist a'r bywyd newydd sydd ganddo i ddyn-ion. Bûm yn y niwl am amser wedi hynny, ac eto gwyddwn petawn ond yn gallu gweddïo'n iawn ar i Dduw fy nerbyn fel yr oeddwn, yn rhinwedd mar-wolaeth Iesu Grist, y byddai hynny'n ddigon i weddnewid fy mywyd innau. Ac un noson, mam, cefais ddigon o ras i wneud hynny, a derbyniais yn ddiolchgar ei rodd o faddeuant am fy mywyd tlawd, dilewyrch. Yna, dechreuais deimlo fod yr un tangnefedd ag a nodweddai bywyd fy nhaid yn eiddo i minnau, ac am y tro cyntaf erioed des i ddeall y geiriau yma a ysgrifennodd 'nhaid ar ddalen flaen y Beibl yma.'

Agorodd Wil y Beibl i ddangos y geiriau i'w fam, ond ar hyn dyna floedd o gyfeiriad cwt y tractor. 'Wil, ty'd yma i helpu cychwyn hwn!' John ei frawd ieuengaf oedd mewn anhawster. 'Darllenwch chi nhw, mam,' meddai Wil, gan redeg o'r tŷ. Plygodd ei fam dros y Beibl, a darllenodd yn ystyriol eiriau yr hen ŵr ei thad.

'Gweddïaf ar i Dduw hollalluog yn ei fawr ras drugarhau wrth fy nisgynyddion, megis ag y gwnaeth â minnau, ac ar iddo roi iddynt hwythau ran yn yr "etifeddiaeth anllygredig, a dihalogedig a diddiflanedig, ac yng nghadw yn y nefoedd i chwi. Y rhai trwy allu Duw ydych gadwedig trwy ffydd i iachawdwriaeth" (1 Pedr 1:4-5). A brofo hyn, gwyn ei fyd. Amen.'

Clywai Wil yn chwerthin yn iach wrth siarad â'i frawd, a gwenodd hithau'n dawel, 'Wel, mi fuasai f'hogyn i beth bynnag wrth fodd calon ei daid . . . ond beth amdanaf i?'

Teitlau eraill o Wasg Efengylaidd Cymru

Anturiaethau Gwernyfed (Edmund T. Owen). Addasiad Cymraeg o dair o nofelau enwog C.S. Lewis i blant. Eu teitlau yw: *Y Llew a'r Wrach, Yn Ôl i Wernyfed* a *Mordaith y Sioned Ann.*

Paul (Rhiannon Ifans). Cyflwyniad i blant o hanes anturus un o'r dynion mwyaf a welodd y byd erioed.

Dechrau Canu (E. Wyn James). Cyflwyniad i gefndir a chynnwys dros 40 o emynau Cymraeg adnabyddus, mewn diwyg lliwgar dros ben.

Carolau a'u Cefndir (E. Wyn James). Detholiad o dros 40 o garolau ac emynau yn ymwneud â'r Nadolig, gyda chyflwyniad i gynnwys a chefndir pob un.

O Gylch y Gair (gol. John Emyr). Blodeugerdd o farddoniaeth Gristnogol gyfoes a enillodd wobr yn yr Eisteddfod Genedlaethol.

Yr Efengyl yn y Wladfa (Robert Owen Jones). Arolwg o hanes Cristnogaeth yn y Wladfa Gymraeg ym Mhatagonia.

Tyred Drosodd: Gohebiaeth Eluned Morgan a Nantlais (gol. Dafydd Ifans). Golwg dreiddgar ar fywyd yng Nghymru a'r Wladfa trwy lygaid dau lenor diddan a dwys.

Elusen i'r Enaid (Noel Gibbard). Amlinelliad o gynnwys gweithiau'r Piwritaniaid Cymreig, 1630-1689.

Dadl Grefyddol Saunders Lewis ac W.J. Gruffydd (John Emyr). Astudiaeth o un o ddadleuon mwyaf allweddol Cymru'r ugeinfed ganrif, ei chefndir a'i harwyddocâd.

Griffith Jones, Llanddowror: Athro Cenedl (Gwyn Davies). Hanes un o Gymry mwyaf y ddeunawfed ganrif.

Islwyn: Y Dyn Bach Mawr (Gwyn Davies). Astudiaeth ddifyr a threiddgar o fywyd a ffydd un o feirdd mwyaf adnabyddus Cymru.

Beibl i Bawb (Elisabeth Williams). Stori enwog Mary Jones a dechreuadau Cymdeithas y Beibl.

Y Ffydd a Roddwyd (Emyr Roberts). Arweiniad campus i brif athrawiaethau'r ffydd Gristnogol.

Iachawdwriaeth Gymaint (Gwyn Davies). Cyfrol sy'n amlinellu trefn yr iachawdwriaeth ac yn rhoi golwg inni ar wefr a gogoniant efengyl Iesu Grist.

Pob Peth yn Newydd (Peter Jeffery). Astudiaethau byr sy'n rhoi eglurhad clir a syml ar freintiau a dyletswyddau'r bywyd Cristnogol.

Y Cwestiynau sy'n Cyfrif (John Blanchard). Llyfryn lliwgar sy'n rhoi atebion clir ac uniongyrchol i gwestiynau pwysicaf bywyd.

Y Grym a'r Gwirionedd (Gwyn Davies). Cyfrol sy'n dangos lle canolog y Beibl yn y bywyd Cristnogol ac yn rhoi cyfarwyddyd ynglŷn â sut i'w ddarllen a'i ddeall yn iawn.

Maplyfr y Beibl (Simon Jenkins). Llawlyfr sy'n taflu goleuni ar lefydd, teithiau a digwyddiadau yn y Beibl, trwy gyfrwng mapiau a siartiau.

Y Teulu Cristnogol (Keith Lewis). Cyfrol sy'n cymhwyso egwyddorion yr Ysgrythur ynghylch y teulu i'n sefyllfa gyfoes.

Heddiw Mae'n Eiriol (T. Arthur Pritchard). Golwg ar waith Iesu Grist fel Eiriolwr.

Bara'r Bywyd (gol. Edmund T. Owen). Cyfres o gyfrolau hylaw sy'n rhannu llyfrau'r Beibl yn ddarlleniadau dyddiol, ac yn cynnig nodiadau esboniadol a defosiynol ar bob darn.

Ysgrifau Diwinyddol (gol. Noel A. Gibbard). Cyfres o gasgliadau o ysgrifau gan amryw o awduron, yn trafod mewn dyfnder agweddau ar egwyddorion a hanes y ffydd Gristnogol.

Llawlyfrau'r Llew. Cyfres o lyfrau lliwgar sy'n rhoi arweiniad bywiog a chynhwysfawr i wahanol agweddau'r ffydd Gristnogol. Teitlau cyfrolau'r gyfres yw *Dod i Gredu, Cred y Cristion, Cristnogaeth Go Iawn* a *Darllen a Deall y Beibl.*

Y Cylchgrawn Efengylaidd. Cylchgrawn Cristnogol i'r teulu cyfan, gydag amrywiaeth eang o erthyglau yn ymwneud â phob agwedd ar y ffydd a'r bywyd Cristnogol.

Cyfres Cymeriadau'r Beibl (addasiad Cymraeg gan Kitty Lloyd Jones). Cyflwyniad ar gyfer plant i hanes rhai o gymeriadau mawr y Beibl. Teitlau'r gyfres yw: *Hanna: Y Wraig a Weddïodd, Josua: Yr Arweinydd Dewr, Nehemeia: Adeiladydd y Muriau* a *Simon Pedr: Y Disgybl.*

Cyfres Storïau'r Meistr (addasiad Cymraeg gan Edmund T. Owen). Rhai o storïau enwog yr Iesu wedi eu hailadrodd ar gyfer plant, gyda lluniau lliwgar, trawiadol. Teitlau'r gyfres yw: *Y Deg Darn Arian, Y Dyn Diarth Da, Y Ffermwr Cyfoethog* ac *Y Porth Bychan.*